삼보사찰 108 순례

본서는 문화체육관광부와 구례군의 지원을 받아 간행하였습니다.

삼보사찰 108 천리순례

삼보를 참배하고 중생을 아우르고

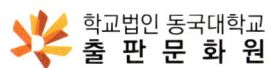
학교법인 동국대학교
출판문화원

상월선원 만행결사
삼보사찰 108 천리순례

함께 나눈 걸음에 감사드립니다.

수많은 신심과 공덕으로
상월선원 만행결사 삼보사찰 108 천리순례가
원만하게 회향하였습니다.

삼보예경과 순례의 의미가 조화롭게 전해질 수 있도록 만전을 다해주신
불보종찰 통도사, 법보종찰 해인사, 승보종찰 송광사 사부대중께
고마운 인사를 드립니다.
만행만덕으로 장엄해주신 화엄사와
호국의 자긍심을 전해주신 표충사에도 감사의 마음을 전합니다.

깊은 관심으로 지원해주신 총무원장 원행스님과 포교원을 비롯한
중앙종무기관, 그리고 순례길을 열어주신 교구본사 주지스님들과
여러 사찰 불자님들, 몸소 행해주신 중앙종회 여러분과
봉사 헌신해 주신 동국대학교와 포교신행단체, 그리고 지역마다
지극하게 협조해주신 관공서 여러분께 깊은 감사를 드립니다.

굽이굽이 지나온 길마다 차가운 날에는 따뜻한 물을,
햇살이 따가운 날에는 신선한 그늘을,
비가 오는 날에는 삶의 터전을 선뜻 내어주신
길에서 만난 수많은 인연은 회향의 길을 밝혀주신 등불이었습니다.

공양과 봉사로 힘을 보태 주신 분들,
후원과 공양금으로 용기와 격려를 보내 주신 분들,
더없는 공덕과 평생 이루어 오신 삶의 터전을 받은 것이기에
힘을 내어 중흥과 극복의 걸음을 이어갈 수 있습니다.

저희들이 서원하고 감동한 그대로 우리 사회에
용기와 희망을 전해줄 것입니다.
상월결사는 국난극복과 불교중흥으로
한걸음 나아간 소중한 시간을
앞으로의 정진에 원력과 신심의 바탕으로 삼아
정진해 나아가겠습니다.

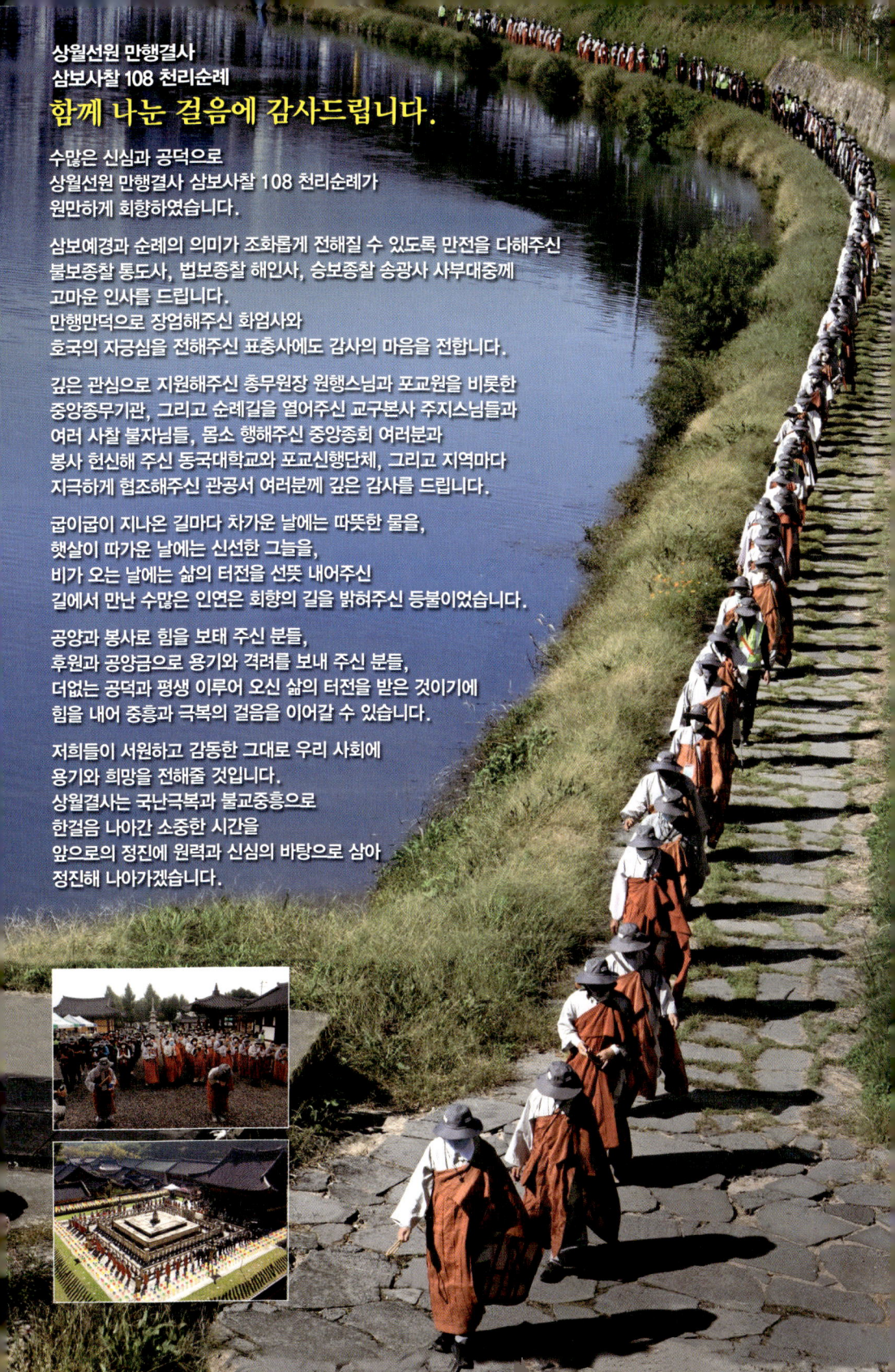

고불문

시방삼세 모든 생명에 계시는
거룩한 부처님께 귀의하옵니다.

오늘 삼보사찰 천리순례 사부대중은 유례없는 감염병과
분별갈등으로 어지러운 세상을 환하게 밝히겠다는 다짐으로
불법승 삼보에 지극한 마음으로 고하나이다.

우리가 직면한 고통을 중생 모두의 과보로 여기고
나부터, 우리 먼저 미혹함을 사르겠다는 청정발원을 깊게 새깁니다.
함께한 원력으로 쓰러진 자리에서 떨쳐 일어설 것이며
이제 천리순례 만행길을 기꺼운 마음으로 떠나고자 합니다.

지혜의 눈을 열어주고 막막한 가슴을 청명하게 밝혀주었던
불법승 삼보의 불국성지가 이 땅에 있음을 확인하고
한국불교의 정법존엄을 지켜온 삼보종찰을 두루 알리어
상월결사의 공덕을 전법의 빛으로 널리 승화하고자 합니다.

믿음의 힘을 내려주셨으니, 우리가 걷는 한 걸음 한 걸음이
대자대비의 꽃비가 내리는 길임을 저마다 확인하겠습니다.
이 길은 상월선원 정진이 일깨워준 불교중흥의 초석이 되는 길이며
국난극복과 민생회복을 염원하는 실천의 길임을 굳게 믿겠습니다.

자비하신 부처님!
대원력의 바탕 위에 서로를 참된 인연으로 여기며

실천수행의 진중한 가르침을 지극히 따르겠나이다.
강과 산을 따라 송광사, 해인사, 통도사에 이르기까지
생명과 생명으로 이어진 존엄한 삶의 길임을 알아가며
자기수행과 대중화합이 어우러진 불교운동을 실천하겠습니다.

그 옛날 부처님께서 걸으신 전법과 포교의 길이
우리 땅에도 똑같이 살아있음을 환희심으로 체감하고
한국불교 전통계승 순례, 불교중흥 원력동참 순례,
사회갈등 극복화합 순례임을 여실히 알아가겠나이다.

거룩하신 부처님께 지극한 마음으로 귀의하옵니다.
사부대중 모두가 한마음으로 부처님 전에 고하오니
자비로운 천 개의 팔과 지혜로운 천 개의 눈으로
우리 가는 길을 밝히고 보듬어 주시옵소서.

원하고 원하옵건대
천리순례 시시처처에 불국정토가 장엄되어 있음을 보게 하시고
청정수행 전통이 면면약존 이어져 내려옴을 듣게 하시며
묵언행선을 통해 세계일화의 절대평화를 깨치도록 해 주시옵소서.

나무 석가모니불
나무 석가모니불
나무 시아본사 석가모니불

불기2565년 10월 1일
삼보사찰 108 천리순례 사부대중 일동

| 차 례 |

함께 나눈 걸음에 감사드립니다.　005
고불문　006

삼보사찰의 성립과 순례의 의의 ——————————— 010
삼보사찰 108 천리순례, 삼보를 만나고 삼보에 귀의하다!

삼보사찰 108 천리순례길 ——————————— 026
- 승보길, 조계산·지리산 불교문화권　031
- 법보길, 가야산 불교문화권　097
- 불보길, 영축산 불교문화권　135

화보 ——————————————————— 190

지자체 소개 ——————————————— 292
삼보사찰 108 천리순례길에 만나는 지자체

부록 ——————————————————— 300

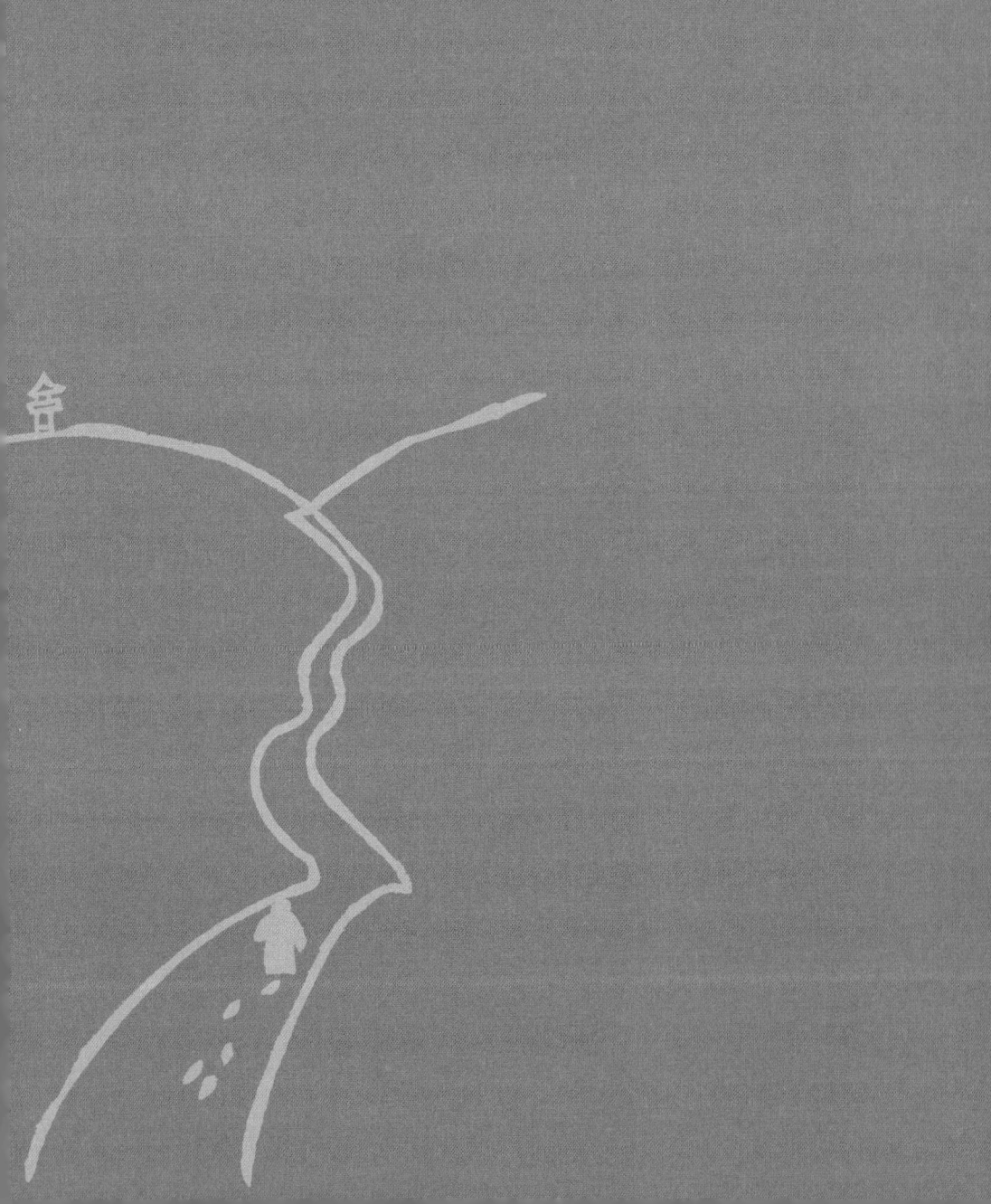

삼보사찰의 성립과 순례의 의의

삼보사찰 108 천리순례,
삼보를 만나고 삼보에 귀의하다!

통도사 금강계단

해인사 법보전

송광사 불일보조국사 감로탑

삼보
그리고 삼귀의

불교에는 불佛·법法·승僧의 셋을 위없이 높고 영원히 변하지 않는 세간의 세 가지 보배 곧 삼보三寶가 있다. 무상정등각을 성취하신 부처님, 부처님의 가르침, 부처님과 부처님의 가르침을 따르는 스님들, 이 셋을 귀한 보물에 비유하여 삼보라고 말한다.

부처님이 세상에 계실 때 이미 세상 사람들이 삼보를 불교의 중심으로 인식하고, 삼보에 귀의하는 것이 불교에 귀의하는 것이라고 생각하였다. 『잡아함경』에 사리불의 설법에 감동한 수루나는 다음과 같이 말하며 불교에 귀의하고 있다.

"저는 이제 제도되었습니다. 저는 오늘부터 부처님과 법과 승가에 귀의하여 우바새가 되겠습니다. 저는 오늘부터 목숨을 마칠 때까지 깨끗하게 삼보에 귀의하겠습니다."

『대반열반경후분』에는 삼보, 그리고 삼보에 귀의하는 의미가 다음과 같이 설해진다.

"내가 열반한 뒤, 천신과 인간 등 모든 중생이 나의 사리를 얻고, 슬픔과 기쁨으로 눈물을 흘리면서 비애에 잠겨 공경하고 예배드리면서 깊은 마음으로 공양을 받들면, 헤아릴 수 없는 공덕을 얻는다. 아난아, 만약 여래의 사리를 친견하면 이것은 곧 부처님을 뵙는 것이며, 부처님을 친견하면 이것은 곧 법을 보는 것이고, 법을 보면 이것은 곧 승가를 보는 것이며, 승가를 보면 이것은 곧 열반을 보는 것이다. 아난아, 이러한 인연으로 삼보는 항상 머물러 변하거나 바뀜이 없이 중생을 위하여 귀의할 대상이 될 수 있음을 알아야 한다."

　이들 경전 속의 말씀들을 통해서 불교에서 삼보가 가지는 중요성을 알 수 있다. 우선 삼보는 불교에 귀의하는 이들이 신앙하고 의지하는 대상이다. 위없는 깨달음을 성취하신 부처님, 부처님의 가르침, 부처님과 부처님의 가르침을 따르고 실천하는 수행자 곧 스님들이 불교의 가장 중요한 구성 요소인 것이다. 『열반경』의 '부처님을 뵙는 것은 법을 보는 것이고, 법을 보는 것은 승가를 보는 것이며, 승가를 보는 것은 열반을 보는 것'이라는 말씀은 불자들이 의지하는 삼보의 가치를 그대로 드러낸다.

　이처럼 삼보에 대한 귀의와 신앙은 불교 역사의 처음부터 시작된 불교의 핵심 가치이다.

　삼보의 으뜸이 불보 곧 부처님인 것은 더 말할 것도 없다. 하지만 불보가 으뜸이라고 해서 법보와 승보가 하위에 있는 것은 아니다. 부처님이 말씀하신 가르침이 법보이기 때문이고, 부처님이 지향하신 뜻과 부처님의 말씀을 대대로 보존하여 전승하며 현실 사회에 구현하는 주체가 승보이기 때문이다.

　그래서 『열반경』의 말씀을 역으로도 풀이할 수 있다.

　열반을 보는 것이 승가를 보는 것이고, 승가를 보는 것이 법을 보는 것이며, 법을 보는 것이 부처님을 보는 것이다. 부처님 열반 후, 부처님의 가르침을 온전히 보전하고 드러내는 주체는 승가 곧 스님들이다. 승가의 수행과 실천을 통해서 부처님의 가르침이 드러나고, 그렇게 드러난 가르침을 통해서 부처님이 세상에 출현하신 이유가 드러나기 때문이다.

　따라서 삼보에 대한 귀의 그리고 삼보에 대한 신앙과 그것에 어굿남이 없는 실천은 불자가 마땅히 행해야 할 가장 앞선 덕목이 된다. 그러므로 불교의 신앙과 수행 그리고 실천은 이 삼보를 벗어나지 않는다. 무상정등각을 성취하여 진리세계를 열고 중생을 깨우쳐 인도하는 부처님이 불보이고, 부처님의 깨달음으로부터 흘러나온 가르침의 보배창고인 경전이 법보이며, 부처님의 가르침을 배우고 수행하며 실천하는 스님들이 승보이다. 이 삼보는 공덕이 한량없이 높고 영원히 변하지 않는 것이면서, 늘 세상 사람들이 나아갈 바를 밝혀주는 등불이기에 세상의 가장 귀한 보배이다.

때문에 불교도들은 이 삼보에 귀의하는 것, 곧 삼귀의로써 불제자가 되고 불제자로서 살아가는 첫 번째 요건으로 삼는다. 그러한 삼보에 대해서 불교도들이 신앙을 일으키는 것은 당연한 결과이며, 이를 통틀어 삼보신앙이라고 한다. 그리고 삼보신앙의 중심이 되는 사찰을 삼보사찰이라고 부른다.

삼보사찰

삼보사찰, 역사적 형성과정

불·법·승의 삼보를 갖추지 않으면 사찰이 아니다. 곧, 사찰이라면 당연히 삼보를 갖춘다. 그러므로 사찰이라면 응당 삼보사찰이 아닐 수 없다. 그럼에도 불구하고 특정 사찰을 지칭하여 삼보사찰 혹은 삼보종찰이라고 부르게 된 것은 각각의 사찰이 담고 있는 역사적 특수성 때문일 것이다. 곧 삼보사찰 혹은 삼보종찰이라는 명칭은 하루아침에 생겨난 것이 아니다. 그 사찰이 창건된 특별한 역사적 배경에 더하여, 그러한 역사적 배경 속에서 삼보에 귀의하고 신앙하고 수행하고 실천해온 그 사찰 스님 대중들의 청정살림과 사회적 지향이 삼보사찰을 만들어 낸 것이다. 삼보사찰이 저마다 독특한 가풍을 지니게 된 것 또한 역사를 꿰뚫어 낸 역대 큰 스님들의 안목과 화합대중의 청정살림이 만들어낸 결과일 것이다.

우리나라 불교에서 삼보사찰이라는 명칭을 사용하기 시작한 것은 조선후기부터이다. 삼보사찰 또는 삼보종찰이라고 사용한 용례가 조선후기부터 나타나기 때문이다. 불교가 전해지고 1,500년의 역사를 품고서야 비로소 삼보사찰이라는 명칭이 나타난 것이다. 곧 삼보사찰이라는 명칭 자체가 이미 우리나라 불교의 역사를 아우른 결과이자 미래의 지향인 것이다.

삼보사찰이라는 명칭을 사용한 가장 빠른 사례는 연천 홍석주의 『연천옹유산록』에 보인다. 1832년의 기록이다. 『연천옹유산록』에는 "불가에서 말하기를 동국사찰에는 삼보가 있으니, 통도사에는 불두골佛頭骨이 있어 불보이고, 해인사에는 대장경이 있어 법보이다. 또한 이 절을 승보라고 하는데 이곳에서 보조 이래 열여섯 분의 국사가 배출되었기 때문이다."고 하였다.

실두유형1824-1889이 1864년에 편찬한 『산사약초』에서 우리나라 불교 역사를 설명하는 첫머리에서 삼보사찰의 유래를 다음과 같이 설명한다.

"자장율사가 중국에서 부처님의 가사 한 벌과 전신사리 100매, 정골사리를 모시고 와서 문수보살이 그려준 대로 절을 짓고 금강계단을 만들고 통도사라 하였는데, 후대 사람들이 불보사찰로 추숭한다. …… 해인사는 팔만대장경을 간행하여 이 절에 옮겨 보관하고 있기 때문에 법보사찰이라 하였다. …… 조계산 송광사는 보조국사 이래 16조사를 차례로 배출하여 널리 중생을 제도하였으므로 승보사찰로 추숭한다."

　기록상으로는 1800년대에 삼보사찰이라는 명칭이 나타나지만, 삼보사찰이 각각의 위상을 정립한 것은 조선초기라고 볼 수 있다. 해인사가 법보사찰의 사격을 갖추는 것이 태조 즉위 초인 1393년 전후이고, 수선사의 16세 사주社主인 고봉법장이 송광사를 크게 중수한 때도 역시 1400년대 초반이기 때문이다. 다만 고봉법장 스님이 국사에 추증된 것은 1600년 초중반 무렵이기 때문에, 삼보사찰 각각이 온전히 위상을 갖춘 것은 17세기 초라고 할 수 있다. 따라서 세 사찰을 묶어서 삼보사찰 혹은 삼보종찰이라고 부르게 된 것은 대략 1650년대 전후일 것이다.

불보종찰 통도사

영축산 통도사는 신라 자장율사가 중국에 가서 부처님의 사리와 가사를 모셔와 양산 영축산에 금강계단金剛戒壇을 세우고 봉안한 이래 그 전통이 끊이지 않고 지속되어 불보사찰로 꼽힌다. 통도사 금강계단 앞의 대웅전은 부처님의 진신사리를 마주 보는 전각이므로 불상을 모시지 않는다. 금강계단에 모셔진 진신사리가 바로 부처님의 참된 몸이기 때문이다.

　또한 통도사가 위치한 산의 이름을 영축산이라 하였는데,『법화경』에서 부처님이 방편으로 열반을 보이셨을 뿐 사실은 영축산에서 상주하시면서 법화경을 설하신다는 내용을 반영한 것이다.『법화경』의 설법과 같이 부처님의 진신이 상주하여 설법하는 곳이라는 상징성을 부여함이다.

부처님이 열반에 드신 후 사리는 8등분 되어 각각의 나라에 봉안되었다. 초기 불교도들은 이 진신사리를 모신 불탑을 부처님과 동일시하였다. 그 진신사리가 문수보살을 통해서 자장율사의 손에 전해진다. 자장율사는 문수보살로부터 전해 받은 부처님의 가사 한 벌과 진신사리를 신라에 모시고 와서, 문수보살이 그려준 그림대로 절과 진신사리를 봉안할 금강계단을 건립하였다. 그리고 사찰의 이름을 '통도通度'라 하였다.

통도通度, 신라의 승려 곧 이 땅의 승려는 모두 이 계단戒壇을 통해서 득도한다는 의미일 것이다. 득도得度라는 것은 승려의 자격을 갖춘다는 말이다. 달리 말해 통도사 계단을 통하지 않고서는 득도할 수 없다는 의미이고, 이 땅 모든 승려들이 득도하는 근본이 통도사 계단이라는 말이기도 하다.

이 땅에 모셔진 첫 번째의 부처님 진신이 모셔진 곳이 금강계단이므로, 이 땅의 승려들이 출가하여 득도하는 근본은 부처님 앞에서 시작된다는 상징성을 가진다. 부처님 앞에서 직접 득도한 스님들이 이 땅의 불교를 일구고 지탱해가는 출발점을 제공하고 있음이다. 그래서 통도사는 '국지대찰國之大刹 불지종가佛之宗家'가 되는 것이다. 이 땅에 번성한 불교의 근원이기에, 이 땅의 불교를 모두 아우른다는 의미이기도 하다.

통도사는 크게 상로전, 중로전, 하로전의 세 구역으로 나누어진 독특한 가람배치를 취하고 있다. 전체적으로 보면 상로전의 금강계단을 기점으로 중로전 구역을 매개로 하여 하로전 구역의 다양한 신앙으로 확산하여 나가는 모양새로 가람을 배치하고 있다. 곧 금강계단을 중심으로 하는 불보 중심의 신앙을 확산하여 중생의 신앙에 대응하여 나아가는 형국을 취한다. 반대로 동쪽의 일주문으로부터 진입하면 부처님으로부터 비롯된 다양한 신앙을 매개로 삼아 상로전의 부처님 세계로 귀의하여 들어가는 형국이 된다.

법보종찰 해인사

가야산 해인사는 802년 순응과 이정, 두 스님이 신라 왕실의 지원을 받아 창건한 사찰이다. 순응스님은 해동 화엄의 초조가 되는 의상스님의 4세 법손이다.

해인海印이라는 사찰의 이름은 『화엄경』의 해인삼매에서 온 것이고, 해인사를 품고 있는 산 이름 '가야' 역시 부처님이 『화엄경』을 설하신 붓다가야에서 온 것이다. 화엄사상을 배경으로 창건되었기 때문에 중심이 되는 금당 역시 비로자나불을 모신 대적광전이다.

해인사가 법보종찰로서 위상을 갖춘 것은 고려재조대장경을 강화도 선원사에서 이운하여 장경판전에 봉안하면서이다. 대장경을 조성한다는 것은 부처님의 가르침을 지킨다는 의미이다. 경전에 의하면 부처님의 가르침을 잘 보전하고 따르면 외적이 침입하지 못하고, 침입하더라도 저절로 물러난다고 한다. 이른바 호국불교 신앙이다. 고려는 이 호국신앙에 의거하여 두 번에 걸쳐 대장경을 조성하였는데, 각각 초조대장경, 재조대장경이라고 한다. 첫 번째는 거란의 침입에 대응하여, 두 번째는 몽고의 침입을 물리치기 위해서 대장경을 조성하였다. 재조대장경을 조성한 것은 팔공산 부인사에 봉안하였던 초조대장경이 몽골군의 침입으로 불타버렸기 때문이었다. 대장경을 조성한 것은 부처님의 가르침을 수호하여 지키며 화합하면 외적이 저절로 물러나게 된다는 불교의 호국신앙에 따른 것이다.

고려재조대장경은 강화도 선원사에 보관되었는데, 고려 말 조선 초기에 왜구의 빈번한 침입 대문에 다시 소실되거나 약탈당할 것을 우려하여 한양을 거쳐 해인사로 이운하게 된다. 해인사는 일주문부터 제일 높은 곳에 위치한 장경판전에 이르기까지 산의 경사면을 이용하여 계단식으로 배치하는 산지가람형 사찰이다.

일주문에서 시작하여 봉황문, 구광루, 중정과 정중탑, 대적광전, 장경판전, 그리고 장경판전 뒤의 수미정상탑까지 일직선상에 계단식으로 상향하도록 배치되어 있는 구조이다. 사찰의 중심이 되는 금당은 역시 대적광전이지만, 장경판전이 대적광전 뒤편 상부에 배치되어 있다. 대적광전의 비로자나 부처님이 법보인 대장경을 머리에 이고 있는 형국이 된다.

국보 52호로 지정된 이 장경판전은 15세기에 세워졌을 것으로 추정된다. 조선조 초기의 건축물 가운데에서 건축 양식으로도 빼어나지만 건축의 과학적 측면에서도 중요하게 여겨진다. 무엇보다도 대장경을 보관하는 데에 절대적인 요건인 습도와 통풍이 자연적으로 조절되도록 지어졌다는 점이 두드러진다.

해인사가 법보종찰로서 위상을 갖게 된 것은 고려대장경의 봉안이 가장 큰 계기이다. 하지만, 한편으로는 『화엄경』을 부처님의 첫 번째 설법이자 모든 가르침의 총합으로 삼는 화엄사상에 기반한다는 점도 중요하다. 어느 측면에서든 해인사는 법보종찰로서 위상을 갖추고 있는 것이기 때문이다.

승보종찰 송광사

승보종찰 조계산 송광사의 본래 이름은 길상사였다. 처음 창건할 때는 규모가 그리 크지 않은 사찰이었다. 이 길상사가 역사의 전면에 등장하게 되는 것은 보조국사 지눌이 팔공산 거조사에서 처음 시작했던 정혜결사定慧結社의 터전을 이곳으로 옮기면서부터이다. 지눌스님은 무신의 난 이후 쇠퇴한 9산 선문을 부흥하는 운동을 일으켰는데, 이것이 정혜결사 운동이다. 1204년 희종의 사액에 따라 송광산 길상사를 조계산 수선사로 바꾸게 되었다. 조계산이라는 산명은 조계 보림사에서 남종의 선법禪法을 크게 선양했던 육조 혜능대사가 조계대사로 불렸던 데서 연유한 이름이다.

정혜결사 이후 고려후기의 선종은 수선사가 중심적인 역할을 하였다. 이 과정에서 조선초기에 활동한 고봉법장에 이르기까지 열여섯 분의 국사를 수선사에서 배출하였다. 지눌스님의 선법은 조계혜능의 선법에 화엄교학을 흡수한 독특한 것으로 화엄선이라는 별칭으로 불린다. 스님이 제시한 삼문三門의 수행체계는 조선시대에도 계승되어 오늘날에 이르고 있다. 열여섯 분의 국사가 지눌스님을 이어 배출된 것뿐만 아니라, 조선시대를 거쳐 오늘날에 이르기까지 스님들의 공부체계에 지대한 영향을 미쳤다는 점에서 승보종찰의 위상이 지눌스님에게서 시작되었음을 알 수 있다.

지눌스님으로부터 비롯된 송광사의 독특한 승풍은 사찰의 가람배치에서도 드러난다. 여느 사찰과 마찬가지로 송광사 가람배치의 중심이 되는 전각은 역시 대웅보전이다. 일주문을 들어서서 북쪽을 향해서면 우화각, 천왕문을 지나 대웅보전이 일직선에 놓인다. 천왕문을 지나 일직선의 왼쪽으로 승보전과 응향각노전, 관음전이 배치되어 있다. 그리고 맞은편에는 약사전과 영산전 그리고 지장전이 배치되어 있다.

특징적인 것은 대웅전 뒤의 위쪽에 스님들의 상주공간이 국사전을 중심으로 배치되어 있는 점이다. 대웅전 뒤편 송광사 가람배치에서 가장 높은 곳에 설법전·수선사修禪社·국사전·조사영각·삼일암 상사당·하사당 등이 있다. 이 공간의 중심이 되는 것은 역시 승보종찰을 상징하는 전각인 국사전으로 보조국사 지눌과 진각국사 혜심으로부터 조선초기의 고봉법장에 이르기까지 16국사의 진영이 모셔져 있다. 대웅보전 구역의 승보전 역시 승보종찰다운 전각 구성이라고 할 수 있다.

송광사 가람배치에서 또 하나 독특한 건물은 일주문을 지나 우화각을 들어서기 전에 만나는 척주당과 세월각의 두 건물이다. 척주당의 남자 영가의 생전의 때를 닦는 곳이고, 세월각은 여자 영가가 속세의 때를 씻는 곳이다. 속세의 중생을 보듬어 안는 것이 또 다른 수행방편임을 보여주는 듯하다.

그 앞에 지눌스님이 심었다고 전하는 고향수가 불도를 깨우치는 수행자를 기다리며 승보종찰을 지키고 섰다.

삼보를 순례하고,
삼보에 귀의하다

삼보를 만나고 삼보에 귀의하는 것에 대해서 중국 수나라의 혜원스님은 다음과 같이 말했다.

"가난한 사람이 보배를 얻기 어려운 것처럼, 선근善根을 쌓지 않은 박복한 중생은 불·법·승을 백천만겁이 지나더라도 만날 수 없다. …… 보배가 가난한 사람을 구제하는 것 등과 같은 위력을 지닌 것처럼 불·법·승은 육신통을 구족하여 불가사의한 위덕을 자유자재로 구사하여 중생을 구제한다. 보배가 몸을 장엄하여 아름답게 만드는 것처럼, 불·법·승의 삼보도 정법正法으로 수행자를 장엄하여 몸과 마음을 청정하게 한다."

삼보는 백천만겁을 지나도 만나 뵙기 어렵다. 백천만겁을 지나도 어려운 인연을 만났으니 목숨을 다한들 아까움이 있을까? 그래서 원효스님은 삼보를 만나고 삼보에 귀의하는 마음을 다음과 같이 말씀하셨다.

"공경하여 따르고, 향하여 나아감이 귀歸의 뜻이다. 명命은 목숨을 말하니, 이 목숨이 몸의 모든 기관을 통괄하니, 한 몸의 요체이며, 오직 목숨만이 주인이 되기에, 온갖 생명이 중히 여기는 것에 이것보다 더 앞서는 것이 없다. 이 둘도 없는 목숨을 다하여 [삼보의] 위없는 존귀함을 받들어서 신심의 지극함을 표현하였기에 '목숨 받쳐 따른다[귀명]'고 말한다. …… 이 귀명의 대상인 일심이 바로 삼보이다."

『관무량수경』에 "부처님이라는 이름을 듣거나, 법이라는 이름을 듣거나, 스님이라는 이름을 듣거나, 혹은 삼보라는 이름을 들으면 곧바로 왕생할 수 있다."고 하였다. 불·법·승 삼보의 이름을 듣기만 하여도 이 인연으로 복을 얻거나 정토에 왕생할 수 있는 공덕을 쌓는다.

삼보를 만나는 소중한 그 인연을 여기서 맞닥뜨렸으니, 어찌 여기서 멈추겠는가! 세상 중생과 함께 괴로움을 벗고, 열반락에 나아가는 그 길에서 어여쁜 도반을 만나, 순례의 길을 떠나네!

삼보사찰 108 천리순례길

- 승보길, 조계산·지리산 불교문화권
- 법보길, 가야산 불교문화권
- 불보길, 영축산 불교문화권

> 승보길
> 조계산 · 지리산 불교문화권

나무 승가야!
거룩한 스님들께 귀의합니다!

거룩한 삼보에 귀의합니다.

삼보를 예경하는 순례의 원력으로
국난극복과 불교중흥의 길을 가겠나이다.

본래의 모습이 다 부처라고 일깨우신 불보의 길
부처님의 가르침이 길마다 장엄한 법보의 길
구도의 절실함마저 수승한 승보의 길

자비로운 손길과 지혜의 눈을 열어주신 것처럼
불은에 화답하는 위대한 여정으로 삼겠나이다.

순례의 일심발원이 전법중흥을 이루고
이웃과 사회의 아픔을 사르는 길로 나아가겠습니다.

용기와 희망으로 서로가 스승이기를 발원하오니
널리 섭수하시어 길을 밝혀 주시옵소서.

나무 석가모니불
나무 석가모니불
나무 시아본사 석가모니불

-일일 발원문-

승보길, 조계산·지리산 불교문화권

천은사

다무락마을

곡성 관음사

태안사

송광사

선암사

1700여 년 전, 부처님과 인연있는 땅인 한국에 불교가 정착하고 그 인연에 따라 불법에 귀의하는 대중이 많아졌어요. 그들 가운데는 부처님 법대로 살며 깨달음을 얻고자 출가하는 분들도 있었어요. 그렇게 출가해 수행에 전념하고자 하는 분들은 시간이 흐르면서 점차 많아졌고, 그에 따라 그분들이 법대로 살아갈 수 있는 공간도 많아졌어요. 바로 사찰이지요. 스님들과 대중들이 한 자리에 모여 부처님 법대로 살아가고자 굳은 결심을 약속하고 많은 노력을 했어요. 이런 모습을 보신 부처님은 많은 사람들이 모여 정진하고 있던 송광사 스님과 대중들에게 "장하고 장하구나. 절문을 나가 발길 닿는 대로 걷다보면 선지식을 만날 것이고, 그 선지식이 안내하는 대로 또 다시 걷다보면 나를 다시 만날 수 있을 것이다"라고 말씀하십니다. 부처님께서 내주신 숙제를 안게 된 송광사 스님들과 대중들. 부처님의 숙제를 풀기 위해, 깨달음을 얻기 위해 절문을 나선 스님들부터 몸이 불편하여 절문 안에서라도 깨달음의 길을 걷고 계신 스님들까지… 1700여 년의 시간동안 지금까지 그 노력은 계속되고 있습니다. 그 길 위에서 만난 여러 인연들의 이야기가 지금 시작됩니다.

승보종찰 송광사 전경

천 년의 법맥을 이어 온
승보종찰, 송광사

부처님의 숙제를 받은 송광사는 신라시대가 끝나갈 무렵, 혜린대사가 창건했어요. 절이 처음 만들어질 때에도 부처님의 가르침대로 세워졌어요. 혜린대사는 꿈속에서 부처님을 뵈었는데 새로운 절을 세워 중생 구제의 큰일을 행하라는 이야기를 듣게 됩니다. 잠에서 깨어보니 전염병을 앓고 있던 제자들이 모두 씻은 듯이 나은 모습을 보고 꿈속에서 뵈었던 부처님의 말씀을 행하겠다고 다짐합니다. 그런데 어디에 어떻게 절을 세워야 할지 막막했던 혜린대사는 길 가에 세워진 돌부처에게 기도를 합니다. 그러자 어디선가 노

승보전

스님이 나타나 송광산에 절을 지어 불보를 모실 것을 알려주면서 송광사를 창건하게 돼요. 창건 당시 이름은 길상사(吉祥寺)였습니다. 이후 고려시대 보조국사 지눌스님은 이곳을 중창하시고 정혜결사를 단행하시기도 했어요. 이때 산 이름과 절 이름이 조계산 수선사로 바뀌게 되었습니다. 결사는 불법을 바로 세우고 많은 사람들이 깨달음을 얻고자 함께 노력하는 일종의 단합이기도 해요. 바로 결사를 통해 많은 이들이 정진하고 있었기 때문에 부처님께서 숙제를 내어주신 것이지요. 이곳은 무려 16분의 국사가 머물며 깨달음을 향한 수행을 했던 곳이에요. 그래서 사람들은 승보사찰이라고 부르게 되지요.

삼보사찰 108 천리순례 입재

승보전 정혜결사 벽화

승보길, 1~2일차

고향수

　조계산 송광사라고 적힌 일주문을 들어서면, 정면에 척주당과 세월각이란 이름을 가진 조그만 전각 두 동을 만나게 됩니다. 다른 사찰에서는 만나기 힘든 전각인데요. 재를 올리기 위해 절에 오른 죽은 남자의 영가와 여자의 영가에 묻은 세속의 때를 씻는 곳입니다. 부처님의 세계인 절에 오를 때는 산 사람도 죽은 사람도 마음을 깨끗이 해야만 하지요.

　그리고 그 옆에 지눌스님께서 심었다고 전하는 향나무가 있어요. 지금은 거의 마른 고목인데, 언젠가 이 나무가 푸른 잎을 피우는 날 지눌스님도 이 세상에 다시 나타난다는 설화가 전해집니다. 고향수는 살아있는 나무가 아니라 죽은 나무입니다. 스님께서 이 지팡이를 꽂아두고서 다음과 같이 말씀하셨답니다.

　"내가 죽으면 네가 숨죽였다가, 내가 이 도량에 돌아오면 다시 잎을 피워 나와 더불어 살자꾸나."

　스님이 꽂아두신 고향수 앞에 서서 스님께서 빨리 돌아오셔서, 저 고향수에 새 잎이 돋기를 기도해봅니다.

임경당과 우화각 그리고 능허교

　일주문을 지나서 왼쪽으로 방향을 틀면 천왕문과 우화각을 만납니다. 우화등선이란 말에서 비롯된 이름이라고 생각되는 우화각은 말 그대로 차안에서 피안으로 건너는 능허교 위에 세워진 누각입니다. 송광사에서 가장 아름다운 경치로 유명한 곳이지요. 우화각과 누각을 떠받치는 능허교가 합쳐져서 피안으로 건네주는 다리 역할을 합니다.

　개울을 따라 우화각의 아래쪽에는 임경당이, 우화각의 위쪽에는 사자루라고도 부르는 침계루가 있어요. ㅁ자형 건물인 임경당은 우화각처럼 개울 쪽에 육감정이라고 부르는 누각처럼 일부 건물을 돌출시킨 독특한 모양새를 갖고 있습니다. 수행자가 자신의 마음과 몸을 거울에 비추듯 살피라는 곳이 임경당이라는 이름을 가진 까닭입니다. 한쪽에 누각을 돌출시켜 잔잔한 개울물 위에 둔 것도 같은 의미이겠지요.

　침계루는 재가 있을 때는 영가가 대기하는 장소입니다. 근현대 초기에는 이 건물에서 송광사 스님들이 연극을 공연했다고 전하지요. 주로 목련극과 팔상극이었답니다. 목련존자가 지옥에 떨어진 어머니를 구해서 천상에 나게 했다는 우란분경의 이야기가 목련극이고, 부처님의 일대기를 팔상으로 풀이하여 보여주는 것이 팔상극입니다. 절을 찾는 이들에게 부처님의 가르침을 좀더 쉽게 전하

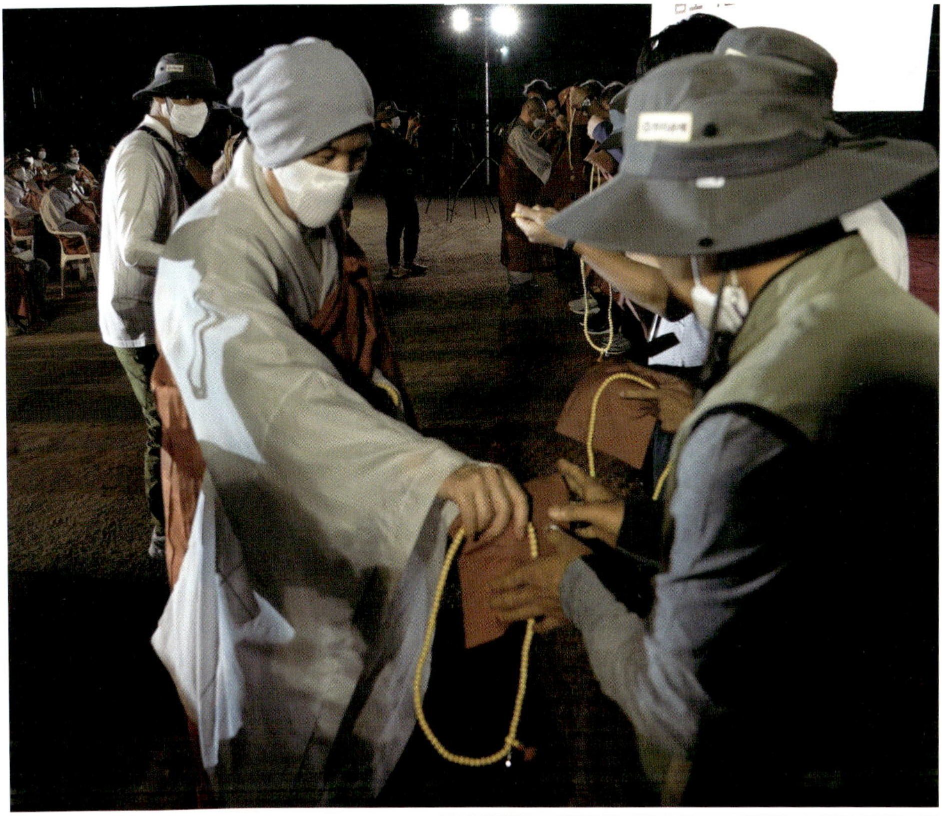

상 순례대중에게 108염주를 수여하는 회주스님
하 순례에 앞서 청규 엄수를 다짐하는 대중

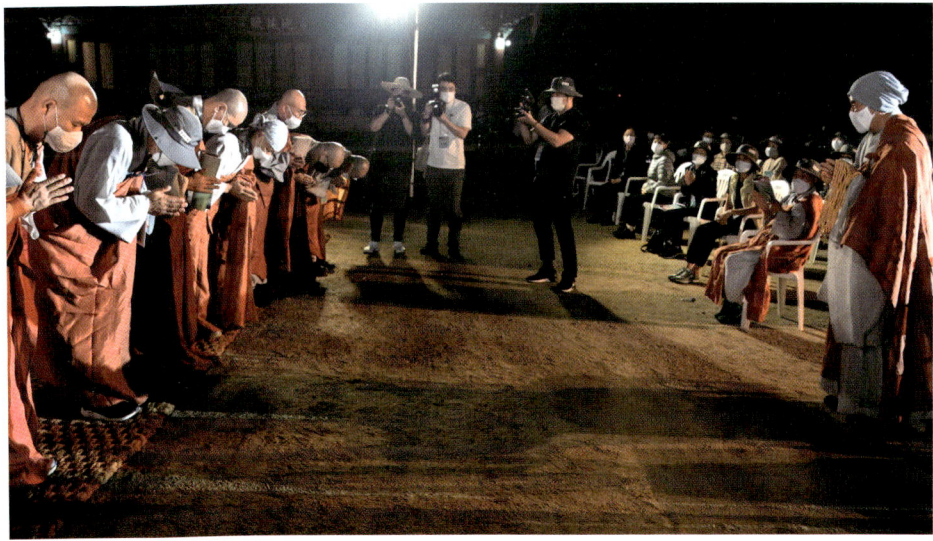

려 했던 스님들의 원력이 묻어있는 곳이기도 합니다.

　천왕문을 지나 일직선상 맞은편에 대웅보전이 있습니다. 1988년에 108평의 넓이로 새롭게 지은 승보종찰 송광사의 금당입니다. 연등불과 석가모니불 그리고 미륵불의 삼세 부처님을 모시고 있고, 화엄경변상도와 신중탱을 함께 봉안하고 있습니다. 무엇보다도 역대 전등 조사를 표현하는 불화가 별도로 봉안되어 있어서 승보종찰의 금당다운 위상을 보여주는 것이 특징이지요.

　대웅전을 바라보면서 왼쪽으로 승보전과 응향각노전, 관음전이 있고, 맞은편에는 약사전과 영산전 그리고 지장전이 있습니다. 승보전은 1988년까지 대웅전으로 사용되었던 건물로, 대웅전을 새롭게 중창하면서 옮긴 건물입니다. 석가모니 부처님을 중심으로 10대 제자와 16나한 그리고 1250비구를 모신 송광사 특유의 전각입니다. 이 전각 옆에 송광사 3대 명물의 하나인 비사리구시가 있는데, 송광사 대중공양 때 밥을 담았던 구시입니다. 몇 백 대중의 밥을 한번에 담을 수 있는 규모의 비사리구시가 송광사 수행대중의 규모를 짐작케 합니다.

비사리구시

삼보사찰 108 천리순례의 시작을 부처님께 고하는 순례대중

관음전은 조선후기 고종의 원당이었던 곳입니다. 고종황제와 명성황후 그리고 세자를 위한 원당이었으므로, 조선후기 궁궐건축의 흔적이 남아있지요. 지붕 아래 칠해진 단청으로 해와 달을 그려두었는데, 각기 고종황제와 명성황후를 상징합니다.

대웅전을 바라보면서 오른쪽에 있는 전각이 지장전입니다. 본래 명부전이라고 불리다가 지금은 지장전이라고 부릅니다. 한국 4대 지장성지라고도 불리는 곳이 바로 송광사 지장전입니다. 지옥중생이라도 끝까지 쫓아가 구제하겠다는 지장보살의 원력이 나툰 성지이니, 송광사 역대 스님들의 원력이 향하는 곳을 익히 알 수 있는 곳입니다.

지장전 앞 쪽에는 약사전과 영산전이 나란히 서 있습니다. 약사전은 송광사 전각 중 가장 작은 곳이지만, 대들보와 공포없이 도리만으로 천장을 짜 올린 문화적 가치가 대단히 큰 건물입니다. 바로 옆의 영산전은 조금 더 큰 건물로 부처님의 영산회상을 상징합니다. 18세기 후반을 대표하는 목조 석가모니 부처님인데, 수인은 아미타인을 맺고 계시는 특별한 부처님이지요.

승보종찰로서 송광사의 위상을 대변하는 전각들은 대웅전 뒤 약간 높은 곳에 위치하고 있습니다. 설법전과 수선사修禪社가 바로 뒤편에 있고, 그 옆으로 국사전과 풍암영각이 있습니다.

국사전은 말 그대로 열여섯 분의 국사 진영을 모신 곳이지요. 국사는 뛰어난 수행뿐만 아니라 대중들에게도 깨달음에 다가가기 위한 귀한 가르침을 주시는 분이 오를 수 있는 지위랍니다. 심지어 왕이 자신의 스승처럼 모시는 분이었지요.

국사전 전경

국사전 내 16국사 진영을 참배하는 순례대중

아마도 이분들 역시 지금 우리가 걷고 있는 이 길 위에서 만난 귀한 인연들을 통해 얻은 가르침을 잘 이해하고 실천해서 이 나라의 스승이 되셨을 것 같아요. 그리고 그 가르침이 계속될 수 있기를 기원하는 마음에서인지 1951년의 화재도 피해간 건물이라고 전합니다.

승보종찰이 승보종찰인 이유를 보여주는 건물이라고 할 수 있지요. 정면 중앙에 보조국사를 모시고 좌우로 나머지 국사의 진영을 봉안하였는데, 조선시대에 국사로 추증된 고봉스님만 머리를 기른 모습으로 표현해서 고려시대 국사들과 구분하고 있는 점도 독특합니다.

국사전을 바라보면서 오른 쪽에 조사영각이 있는데, 풍암영각이라고도 부릅니다. 조선후기에 송광사에 계셨던 큰 스님들의 진영을 모신 곳인데, 대부분 풍암세찰 스님의 문손들이었기 때문에 이 같은 이름이 별도로 붙여졌다고 전합니다. 왼쪽으로는 수선사와 설법전이 이어져 있습니다. 수선사는 송광사의 본래 이름이기도 하고, 보조국사의 처소로 사용된 방장이기도 합니다. 지금은 선방으로 주로 사용됩니다. 설법전은 보조국사의 책상이 놓여있던 곳이라고 전해지는데, 이로 보아 본래부터 설법전의 기능을 하던 전각이라고 볼 수 있지요.

하사당 지붕의 통풍시설

대웅보전과 관음전 뒤쪽으로는 스님들의 생활공간이지만 공부 공간이기도 한 상사당과 하사당이 있습니다. 상사당은 방장 스님의 거소입니다. 하사당은 우리나라 사찰의 요사채로는 가장 오래된 건물로 알려져 있는 곳입니다. 하사당은 지붕 한쪽에 굴뚝처럼 보이는 통풍 시설이 있는 독특한 양식을 보여줍니다. 환기도 하면서 비도 가려야 하는 목적에서 만들어진 스님들의 생활 속 지혜를 엿볼 수 있는 구조물입니다.

관음전을 돌아가면 살짝 솟은 언덕 위 송광사가 한눈에 내려다보이는 곳에 보조국사감로탑이 있습니다.

1210년 지눌스님이 입적하셨을 때, 나라에서 불일보조佛日普照라는 시호와 감로탑이라는 탑호를 내렸는데, 1213년에 세워졌다고 전합니다. 본래 지금 자리에 세워졌다가 몇 번 옮긴 끝에 다시 본래의 자리에 모셔졌다고 전합니다.

보조국사 감로탑

송광사 16국사 가운데 제1세인 불일 보조국사 지눌스님의 부도탑입니다. 보조국사는 1210년희종 6 열반하였으며 고려 희종이 '불일 보조국사 佛日 普照國師'란 시호와 '감로탑 甘露塔'이란 탑호를 내렸고 3년 후인 1213년강종 2년 음력 4월 10일에 세워졌습니다.

독특한 형태와 고려 고승의 부도라는 점에서 학술적 가치가 매우 높습니다.

송광사의 역사를 지키고 스님들의 수행을 가호한 것은 송광사 큰 절만이 아닙니다. 송광사를 중심으로 조계산 곳곳을 지키고 있는 산내 암자들 역시 승보종찰의 또 다른 면모이지요.

송광사의 9세 사주였던 담당국사가 창건하였다는 천자암에는 곱향나무 쌍향수가 있습니다. 보조국사께서 금나라 왕비의 병을 고쳐주었는데, 그 인연으로 금나라 왕자가 스님의 제자가 되어 함께 귀국하였답니다. 그 왕자가 바로 담당국사입니다. 돌아오는 길에 보조국사께서 지팡이를 천자암 뒤뜰에 꽂았는데, 그것이 자라 두 그루 향나무 거목으로 자라났다고 합니다. 이 쌍향수는 비사리구시, 능견난사와 함께 송광사 3대 명물로 꼽히기도 합니다.

송광사에는 현대인들에게 잘 알려진 유명한 암자가 있습니다. 바로 불일암입니다. 『무소유』로 잘 알려진 법정스님의 처소로 유명했던 곳이죠. 본래는 송광사의 7세 사주였던 자정국사께서 창건하셨기에 자정암이라고 불렀는데, 법정스님이 중수하면서 불일암이라 부르기 시작한 암자입니다. 지금은 자정국사의 부도와 법정스님의 부도가 조계산을 수호하듯 좌정하고 계십니다.

또 송광사 북쪽으로 300m 쯤 올라가면 부도암이 있습니다. 17세기 후반에 백암 성총 스님이 건립하신 곳입니다. 성총스님이 보조국사비의 파편을 모아 보조국사비와 송광사사적비를 다시 새겨 이곳에 세웠고, 부휴선수·벽암각성·송계성현 등 여러 스님들의 부도가 있는 이곳을 지킬 목적으로 창건한 암자랍니다. 송광사의 역사와 큰 스님들의 자취를 품고 있는 곳이 바로 이곳이겠지요.

이 외에도 산내 여러 암자들이 저마다의 인연을 품고서 조계산과 승보종찰의 역사를 지키고 있습니다.

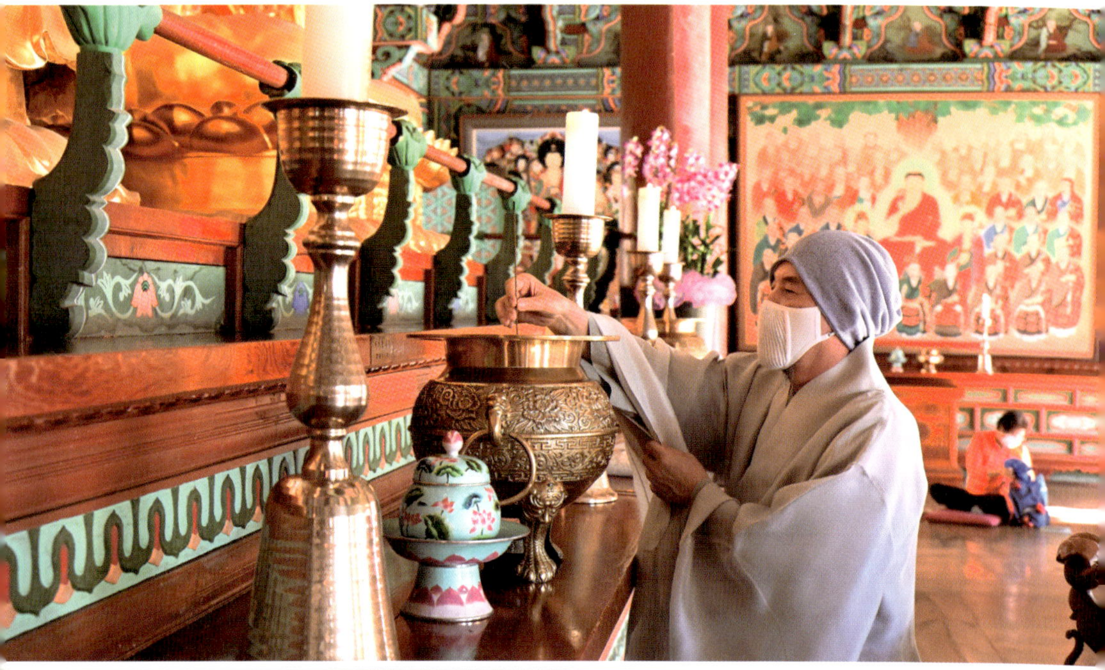

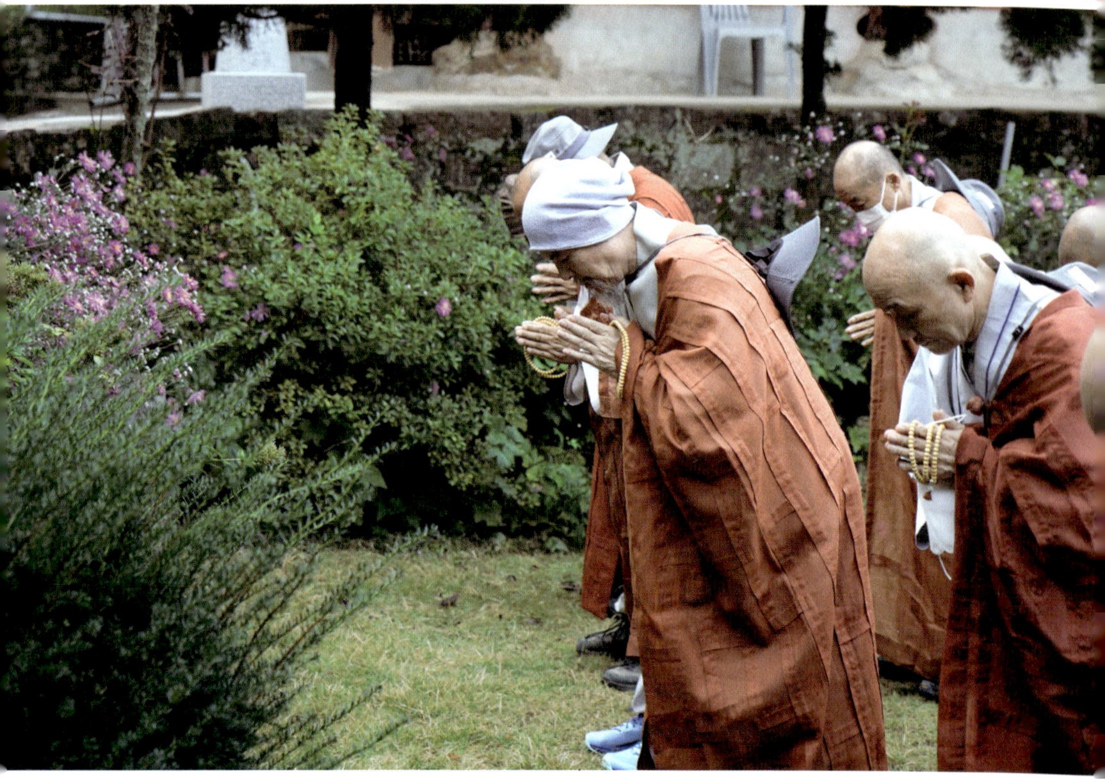

㊤ 송광사 대웅전을 참배하는 회주스님
㊦ 승보종찰 송광사를 참배하는 순례대중(국사전)

삼보사찰 108 천리순례단은 승보종찰 송광사에서 입재식을 갖고 18박19일의 대장정을 시작했다. 순례단의 한걸음 한걸음에 부처님께서 걸으신 전법과 포교의 길이 우리땅에 살아있음을 확인하는 여정이 될 것이라 확신하며

삼보종찰 방장 인터뷰
조계총림 송광사 방장 현봉 스님

"삼보사찰 108 천리순례,
힘든 시기 국민·불자들에 희망·용기 줄 것"

문 상월선원 만행결사가 올해 9월30일부터 10월18일까지 19일간 삼보사찰 108 천리순례를 진행합니다. 방장스님께서는 이번 천릿길 순례에 대해 어떻게 생각하십니까?

답 "지금은 코로나19 팬데믹으로 인한 문명 전환기입니다. 이럴 때 스님과 불자들이 '삼보사찰 108 천리순례'라는 새로운 수행을 시도하는 것은 큰 의미가 있습니다. 그것도 정혜결사의 발원지인 송광사에서 시작하는 것은 남다른 의미가 있다고 생각합니다. 정혜결사는 불교가 힘들고 어려울 때, 부처님 가르침에 따라 시대에 맞는 불교로 돌아가자는 발원으로 시작된 것입니다. 삼보사찰 108 천리순례도 마찬가지라고 봅니다. 지금처럼 힘들고 어려운 시기에 스님과 불자들이 불교중흥과 국난극복을 염원하며 순례에 나서는 것은 그 자체로 불자와 국민들에게 용기와 희망을 줄 수 있습니다."

문 불교에서 순례가 갖는 의미는 무엇입니까?

답 "순례巡禮라는 말에서 '순巡'은 돈다는 것이고, 예禮는 예배의 의미입니다. 사전적인 의미로 보자면 순례는 어떤 종교의 성인이나 창시

자, 혹은 그 종교의 상징적인 곳을 참배하고 예배하는 것입니다. 불교에서의 순례도 다르지 않습니다. 부처님께서 태어나고, 깨닫고, 법을 설했던 장소를 찾아가 참배하는 것은 불자로서 중요한 일입니다. 특히 순례는 부처님의 삶과 가르침이 담긴 곳을 찾아 스스로 공부하고 발심하는 의미를 담고 있습니다. 그래서 순례는 수행입니다. 그러나 불교에서의 순례는 그것에 그쳐서는 안 됩니다. 순례에서 '순'이라는, '돈다는 의미'는 결국 본래 자리로 돌아온다는 뜻입니다. 단순히 부처님 성지를 참배하고 걷는다는 의미를 넘어 부처님이 가셨던 그 길에서 본래 자성을 찾는 것입니다. 동으로 돌든 서로 돌든, 종국에는 출발했던 그 자리로 돌아옵니다. 그런 의미에서 출발지와 종착점이 결국은 한 자리이고, 그 자리는 스스로의 마음자리인 것입니다."

🔹 **문** 삼보사찰 108 천리순례의 첫 출발지가 승보종찰 송광사입니다. 한국불교 삼보사찰이 갖는 의미는 무엇입니까?

🔹 **답** 삼보사찰은 우리나라만이 가지고 있는 독특한 성지입니다.
부처님 진신사리가 모셔진 통도사, 가르침이 담겨 있는 해인사, 그리고 16국사를 비롯해 한국불교 승가 전통을 이어오고 있는 송광사는 우리가 귀의하고 호지해야 할 불법승佛法僧 삼보의 상징적인 의미를 담고 있습니다. 그래서 삼보사찰은 한국불자들의 귀의 대상이고 중요한 성지로 남아있는 것입니다. 이번 순례를 계기로 삼보의 의미를 되새겨보는 것도 좋을 것 같습니다. 앞으로 삼보사찰뿐 아니라 적멸보궁, 관음성지 등 다양한 순례 문화가 생겨나는 것도 새로운 수행문화 정착에 도움이 될 것입니다."

🔹 **문** 고려 때 보조지눌 스님은 정혜결사를 진행했고, 한국불교에서 역대 선지식들은 침체된 불교를 새롭게 중흥시키겠다는 원력으로 수많은 결사를 진행한 바 있습니다. 이번 삼보사찰 108 천리순례도 전통결사의 계승으로 볼 수 있겠습니까?

🔹 **답** "불교가 침체되고 세상이 힘들 때 스님들은 분연히 결사를 추진했습니다. 결사는 그 시대 불교계가 부처님 가르침과 율장에 어긋나고 대중의 기대에 미치지 못한다는 자각과 반성에서 출발해 그 시대가 요구하는 불교의 모습으로 변화하려는 불교혁신 운동입니다. 삼보사찰 108 천리순례는 고려 때 보조국사 지눌 스님이 송광사를 배경으로 진행한 정혜결사와 무관하지 않다고 생각합니다. 보조 스님이 "땅에서 넘어진 자 땅을 딛고 일어서라"고 하셨듯, 삼보사찰 108 천리순례는 지금 우리가 처한 현실을 딛고 새롭게 일어서겠다

는 발원이라고 봅니다. 그래서 삼보사찰 108 천리순례가 이 시대에 던지는 메시지는 매우 클 것이라고 생각합니다."

문 순례를 통해 얻는 것은 무엇입니까?

답 "순례는 그야말로 혈혈단신으로 떠나는 것입니다. 순례의 과정에서는 자신이 지니고 있는 역할과 지위는 무의미합니다. 순례는 나를 돌아보는 시간입니다. 나를 알아주는 이 하나 없는 곳에서 스스로 모든 것을 처리해야 하기에 진정으로 나를 돌아보고 공부를 점검하는 소중한 체험이 됩니다. 물론 혼자 떠나는 순례도 있고, 여러 대중과 함께 떠나는 순례도 있습니다. 함께 떠나는 순례도 공부입니다. 순례과정에서 서로 탁마하고 점검하는 과정을 통해 스스로의 수행 정도를 살펴볼 수 있습니다."

〈법보신문 2021.8.25.〉

천리순례에 오르는 대중을 배웅하는 송광사 스님들

송광사를 출발한 스님들은 부처님의 숙제를 풀어 부처님을 뵙고자 용기를 내어 절문을 나섭니다. 들판에 핀 꽃, 산을 가득매운 나무들을 벗 삼아 길을 걷는데 평호마을이란 곳에 다다릅니다. 백제시대 덕흥성이라 부른 목사동木寺洞면 소재지 마을로 승주 쌍암의 여창 泰씨가 불당골에 암자를 짓고 살게 된 마을이라고 해요. 마을 사람들 역시 지금도 불심이 깊어 스님들께 예를 올리고 집집마다 모시려 합니다. 이곳에서 점심 공양을 하곤 마을에서 조금 벗어나니 숲이 울창해 나뭇잎에 반짝이는 햇빛을 겨우 볼 수 있는 울창한 계곡길에 접어듭니다. 계곡물에 발을 담구어 보니 작은 물고기들이 발가락을 간지럽힙니다. 오랜만의 휴식을 취하곤 주위를 둘러보니 저 멀리 계곡을 연결한 다리가 보입니다. 그 다리에 이끌려 계곡길을 더 올라가니 태안사가 나옵니다.

송광사-곡성 구간을 순례하는 대중의 모습

구산문의 하나인
동리산문의 터전가람, 태안사

태안사는 742년 이름 모를 신승神僧 3명이 창건했다고 해요. 이후 동리산문을 개산한 혜철스님이 머무셨지요. 그래서 지금도 혜철스님의 흔적이 〈적인선사조륜청정탑〉보물 273호이라는 명칭의 부도로 남아있어요. 기단부에서 옥개석, 상륜부까지 8각을 고수하고 있어 '8각 원당형'이라는 신라 석조 부도의 전형을 볼 수 있답니다.

고려 초에는 동리산문을 번성시킨 〈광자대사부도탑〉보물275은 950년 경에 세워졌는데, 혜철스님의 부도처럼 '8각 원당형'이라서 두 분의 부도탑이 비슷한 시기에 세워졌을 가능성이 높다고 합니다.

상 동리산 태안사 일주문
중 적인선사조륜청정탑
하 광자대사부도탑

동리산문의 출발점이었던 태안사에서 하룻밤을 보낸 스님들은 한결 가벼워진 발걸음으로 절문을 나섭니다. 며칠을 편안히 누워본 적이 없다가 절집에서 잠을 자서인가요? 아니면 며칠 만에 많은 스님들을 만나 이러저러한 이야기를 나누며 앞으로 펼쳐질 날들에 대한 기대가 더 높아져서일까요? 가벼운 발걸음으로 정해진 곳 없이 길을 걷는데, 이번에는 관음사라는 절을 만나게 됩니다. 관음사라는 이름에서부터 왠지 관세음보살님을 만날 것 같아 스님들은 발걸음을 재촉해 들어가봅니다.

심청전을 낳은 불교설화의 고향, 관음사

관음사 내 어람관음상

고려시대까지 관음성지는 주로 해안가에 있었어요. 관음사는 유일하게 내륙에 위치한 관음성지였지요. 그래서 관세음보살을 모신 원통전이 있고, 그 앞에는 물고기 머리모양을 한 어람관음상이 있는데, 오른손에는 물고기를 들고 계세요.

관음사는 내륙 유일의 관음성지로 알려져 있을 뿐만 아니라 『심청전』의 원형 설화로 널리 알려진 원홍장 설화가 유명해요. 시각 장애 아버지를 둔 효녀 원홍장이 홍법사의 불사를 위해 시주되고 스님을 따라 나섰다가 중국 진나라 사신을 만나 황후가 된답니다. 황후가 되어도 고국을 잊지 못해 불상과 불탑을 보내는데 끝내는 자신을 원불로 조상한 금동관음보살상을 처녀 성덕 보살이 발견해 관음사에 모셨다는 이야기이지요. 효심, 고국을 그리워하는 사무친 마음, 그리고 불심이 함께 있는 원홍장의 마음을 사람들은 『심청전』이라는 이야기로 회자하며 기리고 있어요.

관세음보살님께 앞으로의 순례에 많은 인연을 만나 깨달음의 길에 함께 동행하길, 그리고 무사히 부처님을 다시 뵙길 기도 올리고 관음사 절문을 나서는데, 갑자기 커다란 연꽃 한 송이가 봉우리를 열더니 그 속에서 아리따운 아가씨가 나타납니다. 심청으로 불러도, 원홍장으로 불러도 좋으니 길을 함께 하길 바란다고 말합니다. 스님들은 고된 길이니 만류했지만, 그녀는 오히려 관세음보살님께 스님들이 기원올린 내용을 되짚곤 빙긋 웃습니다. 스님들은 걱정도 되지만 그녀의 굳은 심지를 모르지 않기에 함께 동행합니다.

원홍장과 함께 하는 길에서 강을 만납니다. 절문 안에서 수행만 하던 스님들은 맑고 청량한 강에서 노는 귀여운 수달을 보며 문득 강 이름이 궁금해집니다. 각 집마다 둥글둥글한 돌을 예쁘게 잘 얹어 담벼락이 인상적인 마을에 도착하니 주름살 고운 할머니가 주시는 밥 한 그릇으로 배를 채우며 강 이름을 여쭈어봅니다. 바로 섬진강이네요.

할머니는 하룻밤을 재워주신다고 하지만, 갈 길이 먼 스님들과 원홍장은 다시금 채비를 합니다. 강기슭에서 잠을 청하는 날도 있고, 산자락 밑에서 밤이슬을 맞으며 잠을 청하는 날을 거듭하며 길을 걷다보니 정말 높은 산과 마주하게 됩니다. 지리산이었습니다.

지리산은 '대지문수사리보살'의 이름에서 비롯된 명칭인데요. 신라 시대에는 동서남북 그리고 중앙에 각각 명산[오악]을 두어 철마다 제사를 지냈는데, 지리산은 남악에 해당되고 신라 삼신산三神山 중 하나였답니다. 그런 지리산에는 유명한 봉우리가 있는데요. 특히 반야봉과 노고단 그리고 천왕봉에는 뜻밖의 전설이 있어요. 반야산신과 마고여신은 하늘이 맺어준 부부였는데, 이들 부부 사이에는 천왕이라는 아들이 있었어요. 세 가족은 단란하게 지내고 있었는데, 어느날 신들의 모임에서 마고여신을 본 용왕은 그만 첫 눈에 사랑에 빠졌답니다. 바다로 돌아간 용왕은 그날부터 마고여신을 하루도 잊을 수가 없었어요. 이를 본 자라는 용왕을 등에 태우고 쏜살같이 지리산을 향했지요. 그러다 육지를 만난 자라는 더 이상 갈 수가 없게 되자 섬진강에 살던 두꺼비 지리산까지 용왕을 모셔다드립니다. 마고여신을 다시 만난 용왕. 용기를 내어 구애를 했지만 마고여신은 이미 가정을 이루고 있었기에 그 사랑을 받아줄 수가 없었어요. 용왕은 너무나도 슬펐지만 마고여신의 마음을 이해하고 1년에 딱 하루만 자신이 먼 발치에서 모습만이라도 볼 수 있게 해달라고 간청합니다. 용왕을 모셨던 두껍은 그 하루를 위해 지리산 자락에 자리잡고 지금도 그날이 되면 용왕을 모시러 섬진강으로 향한답니다. 그리고 반야산신은 반야봉으로, 마고여신은 노고단으로, 아들 천왕은 천왕봉이 되어 지리산을 굳건히 지키고 있는데요. 일 년에 하루는 용왕이 두껍을 타고 멀리서 노고단을 애절하게 바라보곤 다시 바다로 돌아가지요.

길을 걷는 스님들은 지리산에 얽힌 신들의 애틋한 사랑 이야기를 들으며 신에게도 사랑의 감정은 애절하다는 것을 느꼈어요. 그리고 바다 속의 중생 가운데 수행력에 있어서 최고봉인 용왕이 사랑의 감정을 하루빨리 승화시켜 여의주를 얻고 승천하기를 간절히 바라며 용왕의 극락왕생을 기도합니다. 그 기도에 두껍도, 용왕도 스님들, 원홍장과 함께 길을 나서며 부처님을 뵙고자 마음을 내지요. 용왕이 함께 해서인가요?

갑자기 폭우와 함께 섬진강 물이 불어나 높은 곳으로 더 높은 곳으로 발길을 돌립니다. 높은 곳으로 가다가 강변 마을에 있는 사람들과 소떼들 무리와 만나 함께 다다른 곳은 사성암입니다.

거룩한 삼보에 귀의하오며,
이 음식을 받습니다.

이 공양이 있기까지
수많은 인연에 감사하며,

모든 생명에
부처님의 가피가 가득하소서.

사바하

공양게와 함께 감사한 마음으로 1일차 점심 공양을

1일차 순례가 끝난 후 숙영지의 모습

승보길. 3일차

다무락 마을과 섬진강

지리산을 돌아 흐르는 섬진강변을 따라가는 순례길

구례, 화엄사 그리고 지리산 불교문화권

화엄행자의 발원문

거룩하신 부처님!
당신이 길 위에서 나서 길에서 돌아가셨듯이
저희 상월선원 만행결사 삼보사찰 천리순례 단원들은
어리석은 이들도 지혜로워진다는 지리산의 품안에서
삼보를 예경하는 마음가짐으로
화엄세상의 꽃을 피우기 위해
다시 한 번 길 위로 나서고자 합니다

이제 저희 결사 대중들은
어둠의 바다에서 중생들을 건지고자
길에서 가르침을 펴고 길에서 열반하신
부처님의 길을 따라
오직 전법 포교의 길을 가겠습니다.

세상 가장 높고 낮은 이 길에서 만나는
모든 고통들을 수행의 화두로 삼아
한없이 탁마하고 쇄신하며 정진하겠습니다.

저희 삼보사찰 천리순례 단원들은
이 산과 들을 화엄세계로 함께 수놓은
이름 없는 풀 한 포기, 돌 한 조각들처럼
병마를 이기는 약이 되고 어둠을 몰아내는 신장이 되어

불교중흥과 국난극복의 길을 걸어가겠습니다.

당신이 굴리신 거대한 진리의 수레바퀴는
선재동자의 구도와 전법의 광도중생으로 되살아나
오늘 이 자리에 함께한 화엄행자 모두의
가슴속에서 생생히 살아 숨쉬고 있사오니

한 걸음 한 걸음 청정하고 지극한 실천으로
고통의 현장에서 함께 하며
수행공동체를 일궈 나가는
결사 대중의 간절한 서원을 받아주소서.

상월선원에서 시작되어 삼보사찰순례로 이어지는
천리길 한걸음 한걸음이
원융무애한 화엄세상으로 이어지기를 간절히 기원하면서
내일도 길 없는 길 위에 다시 서겠습니다.

이제 지리산하에 화엄세상의 꽃이 핍니다.

나무 석가모니불
나무 석가모니불
나무 시아본사 석가모니불

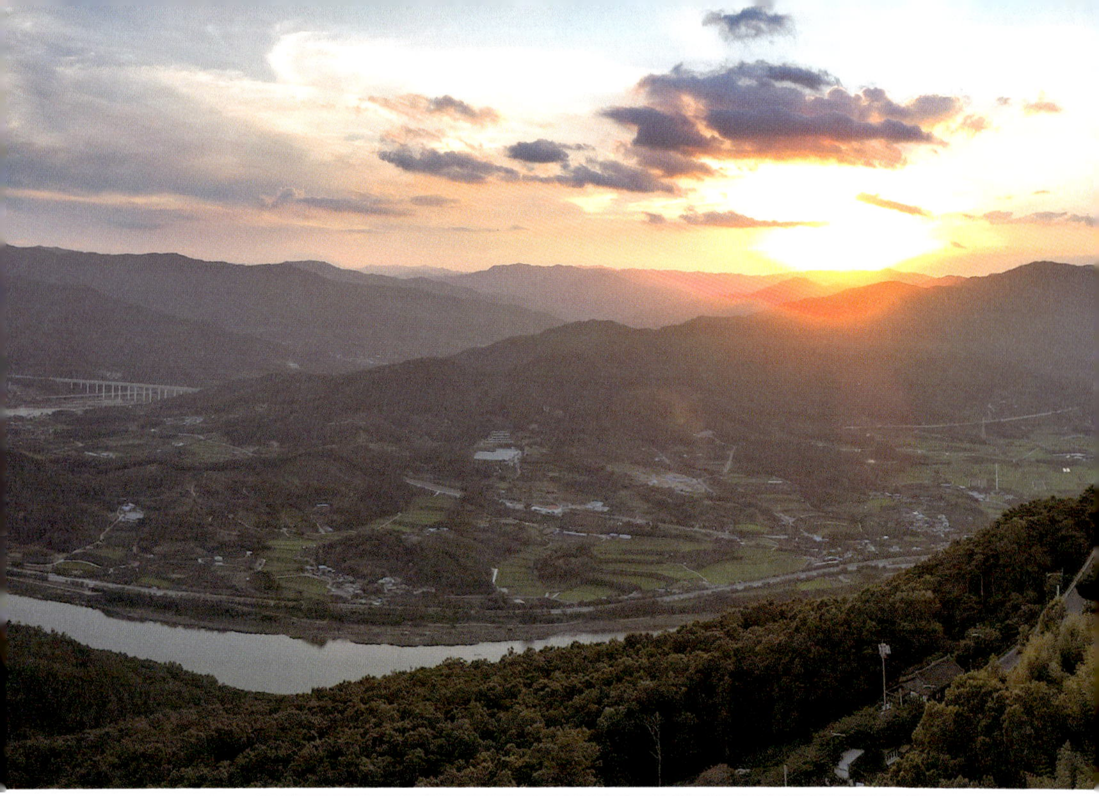

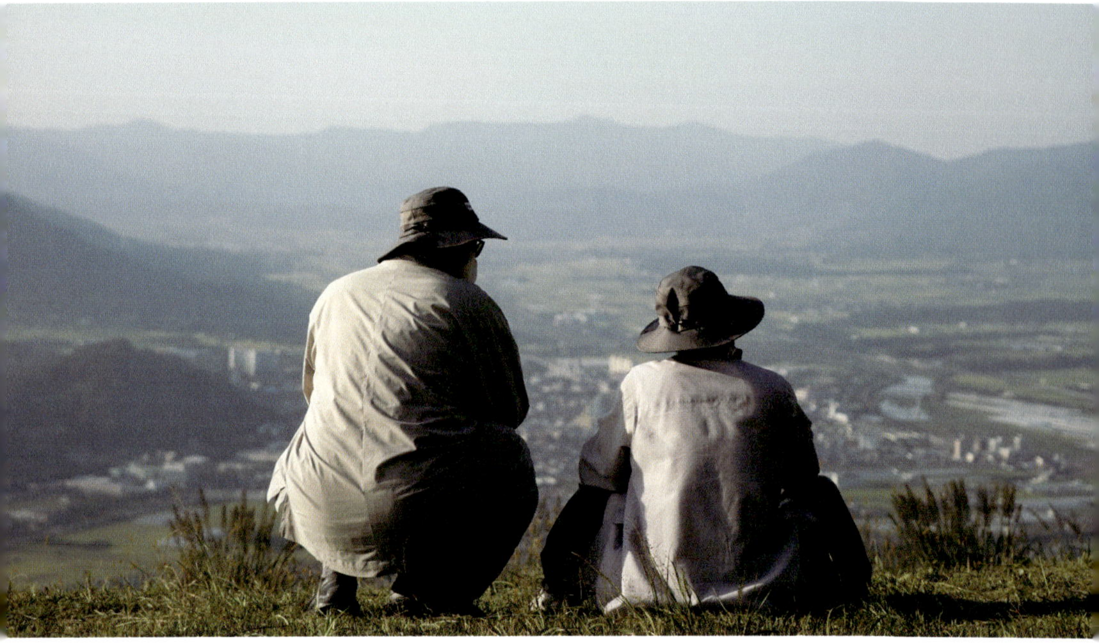

사성암에서 바라본 일몰

네 분의 성인을 낳은 수도처, 사성암

사성암은 8~13세기까지 스님들께서 수도를 했던 도량입니다. 가장 유명했던 분이 원효·의상·도선·진각스님입니다. 높디 높은 절벽에 4미터에 달하는 여래입상이 새겨져 있어요. 마애여래입상은 섬진강과 그 주변에 있는 마을들을 보면서 육지와 물 속에 있는 중생들까지 모두가 정토세계에서 살아가듯 평화롭고 풍요롭게 살길 항상 바라고 있답니다. 마애여래입상의 오른쪽 바위에는 약사여래가 모셔져 있고 그 주위를 돌면 지리산 풍경을 한 눈에 볼 수 있어요. 특히 일몰 시간의 사성암은 장관이지요.

일몰 시간에 스님들과 원홍장, 용왕과 두껍이 많은 마을사람들, 소떼들과 함께 비를 피하기 위해 사성암으로 향하는 모습을 본 마애여래께서는 그들의 힘겹게 오르는 오르막길을 평평하게 펴 줍니다. 그리곤 비를 피할 수 있도록 여래께서 자신이 비를 피할 수 있도록 만들어 놓은 커다란 바위를 얼른 떼어내어 그들을 위해 널찍하게 덮어줍니다. 오랜 시간 한 자리를 지켜온 마애여래는 사람들뿐만 아니라 육지와 물속 중생의 아픔까지 어루만져주는 분이셨습니다.

　암자에서 비를 피한 스님들은 처마끝을 사정없이 때리는 빗줄기를 바라보며 자연의 거센 풍파, 이를 고스란히 겪는 중생의 모습, 그리고 이를 어루만져 주는 마애여래의 모습에 한동안 말이 없습니다.

　다음날, 날씨는 화창하게 개었습니다. 다시 길을 떠나려 하니 이번에는 함께 사성암으로 피한 소떼들이 마애여래 앞에서 한동안 서 있다가 스님들에게 올라타라는 듯 등을 들이댑니다. 스님들은 소들이 무슨 마음인지 알아차리곤 먼저 발길을 뗍니다. 그러자 무리의 맨 끝에 큰 눈을 끔뻑이며 소들이 따라옵니다. 바위 속 부처님은 길 떠나는 무리들을 향해 지긋이 미소를 띠우며 다시 섬진강과 들판으로 눈을 돌립니다. 사성암에서 내려온 스

사성암 공연
자라산 불교문화권 스토리텔링

승보길. 3~4일차

    님들과 대중들은 삼한시대 마한과 진한의 경계역할을 하고, 삼국시대에는 백제와 신라의 경계였던 석주관성을 마주합니다.

    과거 한반도 내부에서 경계 아닌 경계선이었던 석주관성은 조선시대에 들면서 곽영이란 사람이 성을 다시 쌓고 구례 현감인 이원춘에게 석주관 방어를 담당하게 하게 하는 모습을 보게 되요. 나라에 큰 일이 일어났음을 직감한 스님들은 발길을 서두르다가 이곳 구례를 중심으로 곡성, 순천, 보성 등에서 수군을 재건하는 이순신 장군을 만나게 됩니다. 나라를 잃으면 불법도 지켜낼 수 없고, 중생구제의 의미가 정토세계로 혹은 불법의 세계로 인도하는 것만이 아닌 환란에서 그들을 지켜내야 한다는 것을 직감적으로 느낀 스님들은 말없이 구례 통제영에서의 출정 결의에 힘을 보탭니다. 출정한 그날부터 기도와 더불어 몸으로 부딪치는 전장을 경험하고, 명량대첩에서 승리해 기뻐하는 사람들의 얼굴에서 그 동안 경험하지 못했던 환희를 느낍니다. 승리를 뒤로 하고 다시 길을 걸어 연곡사에 다다릅니다.

석주관성 옆
석주관 7의사 사당

조선수군 재건 출정공원

㊀ 아침순례길
㊦ 순례 중 쉼터에서

072 삼보사찰 108 천리순례

연곡사 전경   북삼층승탑

연곡사,
수난과 극복의 불교역사가 승탑으로 남아

연곡사에서는 절 문을 들어서면 삼층석탑이 대중들을 반깁니다. 대적광전의 오른쪽 위로 나있는 계단을 오르면 승탑과 승탑비를 볼 수 있어요. 도선국사 승탑으로 추정하는 동승탑과 승탑비, 현각선사 승탑으로 추정하는 북승탑, 그리고 소요대사탑등 있어 옛날부터 연곡사에서는 많은 선사들께서 수행을 하셨다는 것을 짐작해 볼 수 있어요. 특히 소요대사는 불교가 핍박받고 불교도가 탄압받는 상황에서도 치열한 삶과 구도행, 자비행을 보여주신 분으로 조선불교를 대표하는 스님이라 할 수 있습니다. 이곳의 승탑들은 8각 원당형까지는 아니지만 태안사와 유사한 모습을 하고 있어 신라 혹은 통일신라시대로 가늠하고 있지요.

어둠 속 옅은 전등 빛에 의지해서 걷는 새벽순례

이곳 승탑을 장엄하는데 새겨진 극락조 가릉빈가가 스님들과 대중 머리위로 날아듭니다. 선사들의 순례길을 보호하기도 하고, 선사들을 극락정토로 인도했던 가릉빈가는 이제 스님과 대중들의 길 안내자 역할을 하려나 봅니다. 정토세계의 새인 가릉빈가는 이제 화엄의 세계가 궁금합니다. 빠른 날개짓으로 멀리 보이는 화엄사로 일행들의 발걸음을 재촉합니다.

화엄사 전경(경내에 숙영 텐트를 친 모습이 보인다)

지리산 화엄사
문수보살이 큰 지혜를 나투어 부처님의 세계를 완성하다

화엄십찰 중 하나인 화엄사는 백제 성왕22년544, 인도로부터『화엄경』을 지니고 온 연기존자가 지었다는 이야기가 전해져오고 있습니다. 원래 두류산이라고 불리던 산을 '지리산'이라고 부르기 시작한 것도 바로 연기존자 때부터예요. 연기존자는 귀한『화엄경』뿐만 아니라 차도 함께 소개하면서 다도를 알려주었어요. 연기존자가 전한『화엄경』은 원래 각황전 내부 벽면에 새겨져 있었는데요. 신

화엄사 각황전 및 대웅전 영역

라시대 의상스님께서 절을 중수하면서 '남방 제일 화엄 대종찰'로 거듭납니다. 화엄 대종찰로서 화엄사는 구산선문의 영향으로 교종의 세력이 감소된 상황에서도 화엄결사를 통해 화엄종의 명맥을 이어왔습니다. 임진왜란 전후로는 선종 대본산으로, 1703년 숙종이 장육전 완공되자 '각황전'이라 사액하고 선교양종 대가람으로 승격시켰던 유서깊은 사찰이랍니다.

창건과 화엄종이라는 점을 생각해보면 당연히 비로자나부처님을 모시고, 비로자나부처님의 전각인 '대적광전'이 있어야겠지요? 그런데 화엄사에는 비로자나부처님이 계시지만 전각이름은 '대웅전'의 전각이름을 사용하고 있어요. 조선시대 인조의 아드님인 의창군이 대웅전이라는 글씨를 써서 화엄

대웅전 전경

대웅전 비로자나 삼신불

사 스님들께 전달하고 이를 전각 편액으로 사용하도록 했던 것입니다. 비로자나부처님도, 화엄사의 스님들도 전각 이름을 굳이 틀렸다고 보지 않았습니다. 집 주소 가운데 글자가 하나 잘못되었다고 집주인이 바뀌는 것이 아닌 것처럼, 대웅전과 대적광전이 크게 다르지 않다고 스님들은 개의치 않으셨고, 지금까지 대웅전이라는 전각이름으로 유지하고 있어요.

각황전의 『화엄경』은 우리 눈에서 사라졌지만, 대적광전이 아닌 대웅전의 이름으로 비로자나 부처님을 모시고 있지만 화엄세계를 향한 수행과 믿음만큼은 지금까지 이어져 오고 있습니다.

화엄사에 들어서고 있는 순례대중

화엄사에 도착한 스님들과 대중은 깜짝 놀랐어요. 일주문과 불이문, 천왕문을 지났는데, 대웅전으로 향하는 길이 보제루에 꽉 막혀버렸어요. 이상하다. 원래 강당으로 사용하는 보제루는 전각 아래를 통과해서 대웅전으로 향할 수 있는데, 화엄사의 보제루는 아래를 통과할 수 있게 되어 있지 않고 대웅전을 막고 있는 것이 아니겠어요.

보제루 앞에서 대중들은 비로자나부처님의 명호를 불러봅니다. 열 번을 부르고 나니 보제루 옆으로 길이 열리며 드디어 화엄의 세계가 펼쳐집니다.

보제루

보제루를 지나 중정에 들어서면 왼쪽 높은 언덕 위에 각황전이 보입니다. 각황전과 화엄사의 창건에는 다음과 같은 이야기가 전합니다. 의상스님이 연기조사가 창건했다고 전하는 화엄사를 처음 방문했을 때의 다음과 같이 말씀하셨다고 합니다.

"이곳이 바로 범승이신 연기존자가께서 화엄의 꽃을 피었던 곳이니 부처님의 성지에 온 느낌이구나. 여기야말로 해동의 연화장세계로구나. 삼국인이 한 민족임을 실현하는 정신적 통일을 이루게 하며, 또 화엄사가 해동의 근본도량임을 입증

⊛ 각황전 전경
⊛ 각황전 현판

하기 위하여 화엄석경의 거대한 법당을 세움으로써 중생계를 연화장세계로 꽃피우게 위하여. 부처님의 화엄학을 빌어 백두산의 혈맥 아래에 장육전丈六殿 법당을 건립해야겠구나."

장육이란 부처님의 몸을 말합니다. 이렇게 해서 2층 4면 7칸의 사방벽에 화엄경을 돌에 새기고, 황금으로 부처님을 조성해 모셨

화엄사 석경

다고 합니다. 화엄경은 팔십화엄八十華嚴으로 10조 9만 5천 48자로 되어 있으며 옥돌에 새겨진 화엄경은 부처님의 화엄사상을 꽃피웠고, 지금도 그 석경石經 조각들이 남아 있어 그 당시 연화장세계의 화려한 극치를 보여주고 있다.

조선시대, 임진왜란을 겪으면서 각황전이 화재로 소실되어 새겨진 『화엄경』 역시 사라지고 말았습니다. 다시 전각을 세우기 위해 시주를 다니던 스님은 우여곡절 끝에 중국까지 가게 되고, 중국 황제의 시주를 받아 장육전을 건립하게 됩니다. 그래서 깨달을 각覺, 황제 황皇의 글자를 붙이게 되었다는 이야기도 전하고 있습니다.

보제루 맞은편에는 동서로 서있는 오층석탑을 가운데 두고 대웅전이 자리하고 있습니다. 화엄사 대웅전은 절의 중심 금당이면서 나무로 조성한 비로자나삼신불을 모시고 있습니다. 우리나라 불교조각 중 비로자나불·노사나불·석가모니불로 구성된 유일한 '삼신불'입니다. 비로자나불을 중심에 모시고 좌우로 석가모니불과 노사나불을 모셨습니다. 임진왜란 때 화재로 소실된 금당을 다시 건립하면서 팔도도총섭을 역임한 벽암각성 스님이 주관하여 모신 부처님입니다. 특히 노사나불은 부처님이면서 보관을 쓰신 특이한 모습입니다. 노사나불은 한량없는 공덕을 완성하여 수없이 많은 중생을 교화하는 분입니다.

구층암 천불보전   구층암 기둥

    대웅전 옆길을 따라 올라가면 화엄사 뒤편 산내 암자로 이어집니다. 시원한 대숲길 그늘을 따라 오르다 보면 구층암이 순례객을 맞이합니다. 무너질 듯 보이는 삼층석탑을 앞에 두고 승방이 보입니다. 승방을 옆으로 돌아 들어가면 비로소 구층암의 중심 천불보전과 수세전이 보입니다. 천불보전에는 작은 크기의 부처님 천분이 모셔져 있습니다. 자세히 살펴보면 구층암 지붕을 떠받치고 있는 조각 중에 토끼와 거북이 있습니다. 전래동화의 토끼와 거북이 이야기를 형상화한 것이라 전하는데, 사실 이 이야기는 불교 본생담의 이야기를 우리나라 문화에 걸맞게 변형한 것이지요.

    지리산 품속에 아늑하게 앉은 구층암에서 놓치지 말아야 할 것은 승방의 기둥입니다. 모과나무로 만든 기둥인데, 가공한 것이 아니라 자연적인 모양새 그대로 전각의 기둥으로 활용한 모습입니다. 구층암 일대에서 생산되는 죽로야생차까지 한모금 머금다 보면, 자연과 함께 상생하는 지리산 화엄사의 화엄정신이 절로 우러납니다.

화엄사 회향식

화엄사 회향식에 참여하고 있는 화엄사 교구장 스님

화엄사에서 하루를 묵고 길을 떠나려는데 자장스님이 연기존자를 위해 조성했다고 전하는 '사사자 삼층석탑'의 사자상이 갑자기 스님들 앞을 가로막습니다. 화엄사에서 탑을 받치며 오랜 세월을 보냈지만 대중과 여러 중생들이 함께 불법을 구하기 위해 순례를 하는 모습은 처음이라고, 또 부처님의 숙제를 자신도 함께 하길 간청합니다. 그렇게 해서 사자도 함께 화엄사 절문을 나섭니다.

화엄사의 사자는 지리산을 잘 알고 있습니다. 길 안내자 역할을 맡은 듯 성큼성큼 앞장 서 갑니다. 뒤를 돌아보며 얼른 따라오라는 듯 갈기를 휘날립니다. 가릉빈가는 갑자기 방향을 바꾸더니 모습이 보이지 않습니다. 넓은 계곡 사이에 무지개가 떠 있는데, 그 아래에는 커다란 저수지가 보입니다. 사라졌던 가릉빈가가 입에 무언가를 물고 나타납니다.

팔딱이는 물고기입니다.

스님들은 깜짝 놀라 가릉빈가를 나무라려고 하는데, 가릉빈가를 자세히 보니 상처가 난 물고기를 조심스럽게 입에 물고 저수지에 놓아줍니다. 아마도 다른 새에게 먹잇감이 될 뻔 했던 물고기를 구해 이곳 물에서 다시 생을 이어가라는 뜻인 것 같습니다. 저수지를 보고 따라오던 두꺼비은 돌처럼 굳어 몸을 숨긴 곳이 바로 이곳이라고 조용히 말합니다.

저수지를 돌며 두꺼비, 다친 물고기도 위로하곤 사자가 이끄는대로 좀 더 산으로 올라가니 천은사의 아름다운 절문이 나타납니다.

천은사를 참배하는 순례대중

지리산이 감춘 정토세계, 천은사

천은사는 신라시대에 창건된 사찰입니다. 고려시대 충렬왕 때에는 '남방제일선원'으로 지정될 정도로 수행처로 명성을 높인 곳입니다. 그러나 임진왜란을 겪는 등 수난을 겪다가 조선시대 숙종 때 단유선사가 중수하면서 감로사에서 지금의 천은사라는 명칭을 갖게 되었지요. '샘이 숨어있는 절'이란 이름에는 천은사 샘물에서 큰 구렁이가 자주 출현해 사람들을 두렵게 하니 용기있는 스님 한분이 구렁이를 없애면서 물이 높이 솟지 않아 이런 이름을 갖게 되었다는 전설이 있습니다.

 조선시대 혜암선사의 중수 때 1774 지어진 극락보전은 보물 2024호인데, 이름에서 볼 수 있듯이 아미타부처님과 관음·대세지보살의 협시보살이 모셔져 있습니다. 그리고 아미타부처님 뒤편에

천은사 전경

는 보물 924호인 아미타후불탱화를 볼 수 있는 곳입니다. 이 극락보전의 부처님을 중심으로 좌우 기둥을 자세히 살펴보면 수달과 멧돼지를 볼 수 있습니다.

극락보전 내부

천은사를 참배하는 순례대중

스님들과 대중들은 천은사 극락보전의 멧돼지와 수달을 보며 고개를 갸우뚱거립니다. 정토에 멧돼지나 수달이 있다고 들어본 적이 없었습니다. 이상함을 느끼고 전각에서 나와보니 그 멧돼지가 절 마당에도 떡 하니 있는 것이 아닙니까? 마당의 멧돼지는 포대화상과 함께 있습니다. 궁금하여 천은사 스님께 여쭈니 이야기 보따리를 풀어내십니다.

천은사 이름과는 달리 화마가 절을 집어삼키는 일이 있었는데, 어느 날 지리산의 멧돼지와 수달 한 마리씩 절에 들어와 휘집고 놀더랍니다. 심지어는 극락보전 안에서도 뛰어다니며 놀았는데 그러기를 수십 년. 그래도 천은사 스님들은 이들을 나무라지 않으시고 함께 생활하셨는데요. 그러는 동안 수달은 두꺼비 숨어있는 저수지에 가서 종종 물고기를 잡아먹곤 했지요. 반면 멧돼지는 절밥만 먹으며 육식은 전혀 하지 않았답니다. 그러던 어느 날 멧돼지는 지리산으로 올라가 짐승을 잡아먹고 싶은 생각이 들어 극락보전 문을 나와 산 쪽으로 향하는데, 갑자기 극락보전에서 섬광이 번쩍하더니 멧돼지는 그 자리에서 돌이 되었습니다. 수십 년간 아미타부처님 앞에서의 놀이는 그냥 놀이가 아

닌 수행이었고, 짐승이었지만 먹을거리를 골라 먹을 정도였는데 일순간의 유혹을 이기지 못할까 하여 부처님께서 가엽게 여기시어 돌로 변하게 하여 천은사에 묶어두신 거였어요. 멧돼지는 돌로 굳었지만 마음만은 한순간의 유혹을 이렇게라도 이겨낼 수 있었다는 것이 고마워 화마가 잦은 천은사를 지켜주고 있습니다. 그리고 절을 찾는 사람들에게 복을 한 움큼씩 나눠주고 있는데, 포대화상께서 더 멀리 멀리 복을 나눠 지은 복으로 행복하게 살길 바라는 마음으로 멧돼지 곁에 있게 되었답니다.

스님들과 대중이 떠나려는데 멧돼지가 이곳 천은사에서 했듯이 더 많은 사람들에게 직접 가서 복을 나누고자 함께 하길 바랍니다. 스님들은 한참을 고민하다가 사람들이 복을 받고 다시 복을 짓는 방법을 알려주는 것이 좋겠다는 생각에 함께 길을 나섭니다.

마고여신의 봉우리인 노고단을 오르기 시작합니다. 길이 너무나도 가파릅니다. 함께 하는 두꺼비, 소, 사자, 멧돼지 등은 스님들께 자꾸 등에 올라타시라고 합니다. 홍장아가씨도 권하지만 스님들께선 대중과 함께 하겠다고, 이 역시 우리는 수행이라고 말씀하십니다. 스님들의 뜻을 알게 된 대중들은 지리산을 넘는 내내 마음이 뭉클합니다.
산을 넘고 넘어 실상사에 도착했어요.

승보길, 5일차

천은사를 참배하는 순례대중

⬆ 시암재 새벽예불
⬇ 묵언 팻말을 걸고 108염주를 들고 있는 1일 참가자

승보길, 6일차

성삼재-뱀사골 구간 휴식 모습

성삼재 구간 순례 모습

뱀사골 구간을 지나고 있는 순례단

실상사 전경

구산선문 최초의 가람, 실상산문 실상사

산 중에 자리잡은 다른 사찰과 달리 지리산 자락의 들판 한가운데 세워진 실상사는 신라 흥덕왕 3년 증각대사 홍척이 당나라 지장스님의 문하에서 선법을 배우고 귀국해 창건한 절입니다. 흥덕왕과 선강태자가 이 절에 귀의하기도 했는데, 훗날 6·25 때는 낮에는 국군, 밤에는 공비가 점거한 사찰로도 유명합니다. 약사전에 모셔져 있는 약사여래는 천왕봉을 정면으로 보고 있는데, 천왕봉 너머로

약사전 철조여래좌상

보광전 내부

는 일본의 후지산이 일직선상에 있어요. 전설에 따르면 '일본이 흥하면 실상사가 망하고, 일본이 망하면 실상사가 흥한다'고 합니다. 이 전설이 전설만은 아닌가 봅니다. 보광전 내에 있는 범종에는 실제로 한반도와 일본열도 지도가 그려져 있고 홋카이도와 규슈지방만 그 모양이 남아있습니다. 일본의 다른 지역은 거의 희미해져 보이지 않지요. 스님들께서 예불 때마다 종의 일본열도 부분을 두들겨 쳐서 그렇다고 하는데, 일제 강점기 말엽에는 이곳 주지스님이 문초를 당하기도 하고 종 치는 것을 금지시켰다고도 해요. 구전되는 이야기의 진실과 관계없이 종을 치며 우리나라, 우리민족의 안위를 걱정하며 기도했던 스님들의 모습을 떠올려본다면 실상사의 의미가 새롭게 다가올 것입니다.

승보길, 7일차

실상사를 참배하는 모습

실상사를 참배하고 있는 순례대중

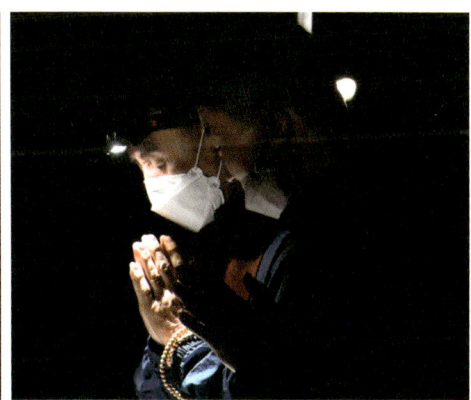

예불 모습

이순신 장군과 함께 출정을 돕고 명량대첩을 보았던 스님들은 또 다시 생각에 잠깁니다. 살생을 금하라는 계율이 있습니다. 그렇지만 우리 민족, 아니 매일 인사하던 절 어귀에 있던 마을 사람들이 전란으로 인해 다치고 죽는다면 불가에 귀의한 나는 어떻게 하는 것이 옳은 것일까? 명량대첩 때, 깊은 고민을 할 틈이 없는 다급함 속에서 참여했지만 지금 이 순간만큼은 부처님께서 내주신 숙제보다 이 문제가 머릿속을 가득 채웁니다. 실상사를 나와 다시 걷습니다.

> 법보길
> 가야산 불교문화권

나무 달마야!
거룩한 가르침에 귀의합니다!

거룩한 삼보에 귀의합니다.

삼보를 예경하는 순례의 원력으로
국난극복과 불교중흥의 길을 가겠나이다.

본래의 모습이 다 부처라고 일깨우신 불보의 길
부처님의 가르침이 길마다 장엄한 법보의 길
구도의 절실함마저 수승한 승보의 길

자비로운 손길과 지혜의 눈을 열어주신 것처럼
불은에 화답하는 위대한 여정으로 삼겠나이다.

순례의 일심발원이 전법중흥을 이루고
이웃과 사회의 아픔을 사르는 길로 나아가겠습니다.

용기와 희망으로 서로가 스승이기를 발원하오니
널리 섭수하시어 길을 밝혀 주시옵소서.

나무 석가모니불
나무 석가모니불
나무 시아본사 석가모니불

- 일일발원문 -

법보길, 가야산 불교문화권

- 고견사
- 상림리 석조관음보살입상
- 양평리 석조여래입상
- 법인사
- 함양 상림

산길을 걷고 또 걸으니 함양이라는 곳에 도착합니다. 주위를 둘러보니 많은 산자락 중에 저 높은 곳에 반짝이는 무언가가 있어 발걸음이 자연스레 향합니다.

덕전리 마애여래입상

고려시대 초기, 커다란 바위의 한 면을 깎아 거대한 불상을 조각했는데 바로 덕전리 마애여래입상입니다. 높이가 5.8m에 달하는 거대한 마애불인데요. 발이 큰 것에 비해 손은 아기 손과 같이 무척이나 작은 모양입니다. 부처님께서 입고 계신 불의의 선도, 광배의 문양도 아주 선명하게 잘 남아 있습니다. 당시 부처님을 새긴 사람들의 노고를 위해서일까요? 지금은 보물 375호로 지정되어 있습니다.

덕전리 마애여래입상

덕전리 바위부처님께서는 산 아래 사는 사람들이 평안하게 살길 바라는 마음으로 내려다보고 계시는 듯합니다. 바위부처님의 그런 마음을 스님들은 마음 속에 새기고 인사를 올립니다. 실상사에서 가진 고민의 무게가 한결 가벼워집니다. 다시 발걸음을 돌려 길을 걷다가 칠선계곡에 들어서니 벽송사라는 사찰을 만납니다.

벽송사 전경

나무 장승도 호법신장이 되어, 벽송사

벽송사 목장승

벽송사는 언제 창건한 절인지 알 수는 없어요. 그러나 사찰에 있는 삼층석탑 보물 제474호이 신라 말에서 고려 초기의 양식을 지니고 있어 비슷한 시기에 창건했다고 여겨지고 있습니다. 현재는 보광전을 중심으로 좌우에 방장선원과 간월루가 있고, 보광전 후면에 산신각이 모셔져 있습니다. 그리고 참나무로 만든 금호장군과 호법대장군이 각각 있는데 판소리인 '가루지기타령'과 관련한 전설이 내려오고 있어요.

길을 걸으며 만난 푸른 산, 논밭, 그리고 그곳에 터전을 잡고 하루하루를 열심히 살아가는 사람들의 모습은 있는 곳에서, 있는 그대로, 그 자리에 어우러질 수 있도록 수행하고 있는 것임을 느낍니다. 가정에서는 부모·자식답게, 논밭에서는 농민답게, 전장에서는 장군답게. '답게' 되기 위한 길은 수행 그 자체였습니다.

함양 상림,
중생의 아픔을 덜어주려는 노력의 결과

함양 상림은 우리나라에서 처음 인공적으로 조성된 숲입니다. 고운 최치원이 천령군 태수로 부임하였을 때, 백성들의 살림을 홍수로부터 보호하기 위해 조성한 숲입니다. 당시에는 위천천이 함양 읍내의 중앙을 관통하고 있었기에 홍수가 빈번했답니다. 그래서 물길을 외곽으로 돌리고, 둑을 쌓고, 둑 안쪽에 나무를 심고 숲을 가꾸어서 2차 방벽으로 삼았던 것이지요. 처음에는 대관림이라고 불렀는데, 이때는 상림부터 하림까지 연결되어 있는 숲이었습니다. 그런데 홍수가 나서 중간 부분이 끊어지면서 상림과 하림으로 나누어 부르게 되었답니다.

제방을 쌓고 안쪽에 숲을 가꾸어 2차 방벽을 세워서 홍수 피해

함양 상림공원을 지나는 순례대중

상림공원 내 이은리 석불

를 줄이는 방식은, 신라가 불교를 공인한 직후에 스님들의 조언에 따라 서라벌 왕경의 확장에 사용했던 방식입니다. 스님들의 지혜가 불교 지식인 최치원에게도 전해졌고, 그것이 오늘날의 상림으로 이어진 것이지요.

전란 중에도 정토를 꿈꾸었던, 법인사

실상사를 지나 해인사를 향하는 함양의 동쪽에 안의면이 있습니다. 안의면 사무소와 초등학교 사이의 파출소와 인접한 동네 가운데 법인사가 자리 잡고 있습니다. 1959년 이 지역 유지였던 허삼둘이 조선시대 동헌의 전각을 절로 바꾸고 비구니 스님들의 수행과 교화를 위해 시주한 것이 이 절

법인사 입구

의 시작입니다. 1657년에 조성된 목조 아미타여래 부처님과 감로왕도가 유명합니다. 절의 역사는 짧지만 부처님은 조선의 양대 전란을 극복한 후에 조성한 아미타여래 부처님이고, 감로왕도 역시 1762년 안국사安國寺에 봉안하기 위해 조성하였던 불화입니다. 절 이름에 '국國'자가 있으면, 호국사찰로 창건된 경우입니다. 안국사는 정유재란과 한국전쟁 때 불탔지만 다행히 부처님과 감로왕도는 살아남아 함양군과 안의면 사람들의 정신적 의지처가 되고 있는 곳입니다. 어쩌면 지리산록 금대산 안국사에 계시던 부처님이 전란에 피폐해진 사람들을 찾아 마을로 내려오셨는지도 모르겠습니다.

스님들과 여러 대중은 다시 길을 나서 바래기재를 향합니다. 부처님의 가르침을 향한 설렌 발걸음 걸음이 바램으로 승화되는 고갯길이기도 합니다. 바래기재를 넘고 살피재를 넘으면 거창의 상림에 이릅니다. 구진동 계곡길을 따라 내려가면 상림리에 이릅니다. 계곡길을 벗어나 거창읍에 들어서는 첫머리, 왼쪽 한켠에서 보살님 한 분이 스님들과 순례대중을 맞이합니다.

거창구간을 순례하는 대중들

거창 상림리 석조관음보살입상

옛 건흥사乾興寺 자리에 계시던 관세음보살상입니다. 절은 사라졌지만 고려시대에 모신 보살님은 이 자리를 떠나신 적이 없습니다. 늘 마을 사람들이 고개를 조아리고 소원을 빌던 곳입니다. 오늘은 마을 사람들의 소원만이 아니라, 지친 순례객을 위해 감로수가 담긴 정병과 연꽃 한 송이를 들고 환한 미소로 맞이하고 계시네요.

거창 상림리 석조관음보살입상

거창 농산리·양평리 석조여래입상

거창읍 북쪽 덕유산 끝자락 농산리에는 통일신라시대에 조성된 석조여래입상이 있습니다. 광배 위쪽 한켠은 부숴졌지만, 여전히 중생을 향한 잔잔한 미소를 잃지 않고 있습니다.

거창 읍내를 가로질러서 양평리에 이르니, 저 멀리 언덕 위에 우뚝 선 부처님이 순례객을 맞이합니다. 거창은 삼국시대에만 하더라도 백제와 신라가 서로 차지하기 위해 다투던 땅이었습니다. 신라가 삼국을 통일한 후에 부처님의 가르침에 따라 이 지역을 다스리

거창 농산리 석조여래입상

거창 양평리 석조여래입상

겠다는 뜻을 표명하기 위해 금양사金陽寺라는 절을 짓고 이 부처님을 모셨습니다. '부처님의 따사로운 햇살'이라는 절 이름과 그에 걸맞는 모습의 부처님이죠. 3.7m에 이르는 키 큰 부처님은 이 지역 사람들의 살림을 돌보는 것을 멈추지 않으셨죠. 그런데 절은 사라지고 부처님만 덩그러니 남아 계시니, 비바람에 시달리는 부처님 모습이 안쓰러웠던 모양입니다. 지역민들이 정성과 힘을 모아 뜨거운 햇살과 비바람을 피할 수 있도록 모자천개天蓋를 씌워드렸다고 합니다.

모자를 쓴 키 큰 부처님 앞을 지나 거창군 가조를 향합니다. 가조는 온천으로도 유명한 곳입니다. 가조면에는 고견사古見寺라는 유명한 절이 있어요.

고견사 전경

고견사 동종

원효스님이 두 생에 걸쳐 수행했던 우두산 고견사

우두산牛頭山이라는 명칭은 선종 중의 우두종牛頭宗이라는 명칭에서 따온 이름입니다. 가야산의 서쪽 산록에 지어진 이름이니까, 스님들이 이곳을 수행처로 삼으면서 붙여진 이름이란 것을 알 수 있습니다. 우리나라 산 이름은 대개 절 이름을 따라 처음 이름을 가지게 되었던 까닭이죠.

   고견사古見寺는 본래 견암사見庵寺라고도 했습니다. 해인사를 창건하였던 순응과 이정 두 분 스님이 창건하였다고 전하는 곳입니다. 의상스님과 원효스님이 수행하면서 절이 되었다고도 하는데, 원효스님이 '이곳이 이전전생에 본 곳'이었다고 해서 고견古見이라고 했다고도 하네요. 의상스님이 수행할 때 양식 걱정이 없도록 쌀

이 솟아 나왔다는 쌀굴도 잘 알려져 있죠.

조선시대 초기에는 고려왕조의 왕씨들을 위한 수륙재를 이 절에서 지내게 했다고 합니다. 불교를 억압하면서도 한편으로는 조선왕실에서 비용을 내어 수륙재를 열어서 위로했던 곳입니다. 이때는 스님들이 70분 이상 함께 모여서 수행했던 곳으로도 유명했답니다.

인간사는 무상하지만 삶의 고통을 벗어나게 하는 진리는 영원합니다. 왕조의 성쇠를 보고 인생무상을 느끼고 나니, 의상스님과 원효스님이 일로정진했던 까닭이 더욱 가슴에 사무치는 것을 느끼며 스님들은 다시 발걸음을 재촉합니다.

가조면을 벗어나 고갯길만 하나 넘으면 바로 합천입니다. 가조에서 가야산 해인사가 있는 합천으로 들어서는 고갯길은 이름도 '큰재'입니다. 부처님의 가르침을 오롯이 품고 있는 법보종찰 해인사에 이르는 길은 쉽지만은 않습니다.

큰재를 넘으니 합천군 가야면 성기리城基里가 나옵니다. 예부터 성터가 있다 하여 붙여진 마을 이름입니다. 신라 때도 백제와 다투었던 땅이고, 고려 태조 왕건도 후백제 견훤과 다투었던 땅이 합천입니다. 태조 왕건은 후백제 견훤과의 다툼에서 훗날 스승으로 모시게 되는 해인사 희랑希朗 스님의 도움을 받아 나라의 기틀을 세웁니다. 성기리를 지나 매안리에서 소리길을 따라 해인사를 향합니다.

깨달음의 땅, 가야산에 들다

가야산의 산신은 정견모주正見母主입니다. 정견모주는 가야산에 살면서 백성들의 평안을 위해 밤낮 없이 기도를 했답니다. 천신 이비가지夷毗訶之가 그 고운 마음씨와 용모에 반해서 결혼하게 되었답니다. 두 신은 오색구름방 속에서 신혼을 보냈고, 뇌질주일惱窒朱日과 뇌질청예惱窒靑裔라는

해인사 국사단 정견모주

두 아들을 낳았어요. 큰 아들이 바로 대가야의 왕인 이진아시왕伊珍阿豉王이고, 둘째 아들이 금관가야의 왕인 수로왕首露王이라고 합니다.

　이곳에 화엄경의 가르침을 펼친다는 의미를 가진 해인사가 창건되면서, 산 이름은 '붓다가야'에서 따온 가야산이 되고, 산신의 이름은 '깨달아서 올바르게 본다'는 의미의 정견正見이 된 것이죠.

순례하는 대중들(거창구간)

법보종찰 해인사 전경. 가야산의 다른 이름인 우두산, 상왕산, 중향산 역시 불경에서 온 이름이다.

부처님의 말씀으로 새긴 해동의 붓다가야, 법보종찰 해인사

해인海印이라는 말은 화엄경의 해인삼매에서 비롯되었습니다. 해인삼매는 일심법계의 세계, 곧 부처님이 깨달으신 세계를 가리키는 말입니다. 있는 그대로의 세계, 진실된 지혜의 눈으로 바라본 세계이니, 영원한 진리의 세계를 해인이라고 표현한 것입니다. 중생의 번뇌망상이 남김없이 멈추어서, 우주의 갖가지 참된 모습이 그대로 물속에 비치는 경지가 해인삼매이고, 해인사라는 이름은 여기에서 비롯되었습니다. 부처님이 깨달음을 성취하는 순간을 의미하죠. 해인은 부처님이 깨달으신 모습이요, 중생의 본래 모습입니다.

해인사 비로자나불, 쌍둥이 부처님으로 유명하다

순응스님 진영

건칠희랑대사좌상

해인사는 신라 의상대사의 법손인 순응順應과 이정利貞 두 스님이 802년 10월 16일 왕과 왕후의 도움을 받아 창건한 사찰로, 의상대사의 법손들이 세운 화엄십찰華嚴十刹 중의 하나입니다. 고려 태조 때 크게 중창하였는데, 희랑스님이 태조 왕건의 복전福田이 되어서 후삼국을 통일하는 정신적 의지처의 역할을 했기 때문입니다. 해인사 희랑대는 바로 희랑스님을 추념하고 기리는 암자입니다. 후에 '보현십원가'를 지은 균여스님과 대각국사 의천스님 등이 해인사에 주석했던 큰 스님들입니다.

조선 태조 때인 1398년 무렵에 고려 대장경판이 해인사에 이운되어 봉안되었는데, 1458년 무렵에 대장경판을 보관하는 장경판전이 새로 지어졌답니다. 1695년 이후 무려 일곱 번의 큰 화재가 있었는데도 불구하고 장경판전만은 화재를 피했다니, 부처님 가르침을 보존하고 전승하려는 스님들의 노력과 가피의 결과라고밖에 말할 수 없겠죠. 고려재조대장경은 몽골의 침입을 피해 강화도에 피난해 있던 고려 조정이 주도하고 고려 백성들이 호응하면서 만들어졌는데요. 부처님의 가르침을 잘 보존하면 외적의 침입을 물리칠 수 있다는 호국불교의 가르침을 통해서 국난을 극복하려는 의지가 결집된 것입니다.

홍제암 사명대사비

고려대장경을 봉안한 이후, 해인사는 삼보 중에서 법보法寶를 상징하는 사찰이 되었는데요. 조선시대에도 임진왜란과 정유재란의 국난을 극복하는데 앞장섰던 사명대사 유정스님이 이곳에서 주석하시다가 입적했습니다. 사명대사는 홍제존자弘濟尊者라고도 불리셨는데, 의승군을 일으켜 국난을 극복하는데 앞장서서 널리 백성을 구제했다는 의미입니다. 스님이 창건하여 주석했던 해인사 안의 암자가 홍제암이라는 이름을 가지고 있는 이유랍니다.

장경판전과 그 안에 봉안된 '고려대장경판 및 제 경전'이 각각 세계문화유산과 세계기록유산으로 등재되어 있는 등 해인사에는 국보와 보물로 지정된 문화재만 70여 점이 넘을 정도로 역사문화유산의 보고입니다. 한국전쟁 때는 빨치산의 근거지가 된 해인사를 폭격하

해인사 법보전을 참배하는 순례대중

라는 UN군 사령부의 지시를 김영환 장군이 앞장서서 설득하여 폭격을 막기도 했습니다. 우리나라와 우리 역사를 대표하는 문화유산을 지키는 것이 곧 호국이었던 까닭이겠죠. 아마 이때 폭격을 했다면 우리나라 불교의 역사 상당부분에 공백이 생겼을 것입니다.

송광사의 여러 전각 중에서 국사전이 가장 높은 곳에 위치해 있는 것처럼, 해인사의 여러 전각 중에서는 법보전이 가장 높은 곳에 위치해 있습니다. 절의 중심 전각인 대적광전보다 높은 위치에 법보전 흔히 장경판전이 위치하고 있는데, 부처님의 가르침을 담고 있는 경판들이 화재를 피할 수 있도록 위치를 선정했다고 하네요. 어쨌든 법보종찰에 법보인 장경판을 모시는 전각이 맨 마지막 높은 위치에 세워진 것은 상징적으로도 느껴집니다.

해인사는 대한불교조계종 최초의 총림사찰이기도 합니다. 총림은 스님들이 전문적으로 참선 수행하는 선원禪院과 교학을 익히는 교육기관인 강원講院 그리고 계율을 전문적으로 익히는 율원律院 등을 모두 갖춘 사찰입니다. 불교의 수행전통과 문화전통을 계승하고 보존하는 모든 분야의 기능을 갖추고 있는 사찰을 말합니다. 그래서 그런지 현대 한국불교를 이끌었던 큰스님들이 많이 주석하셨습니다.

법보인 해인사의 고려대장경 곧 팔만대장경은 고려와 조선 시대 호국불교의 상징입니다. 해인사 역사의 각 장을 차지하는 순응스님과 이정스님, 그리고 고려시대의 희랑스님과 균여스님과 의천스님, 조선시대의 사명대사 같은 분은 모두 중생을 외면하지 않았던 스님들입니다. 때로는 국난을 극복하기 위해 앞장섰던 스님들이죠. 스님들께서 의승군을 일으키면서까지 국난극복에 앞장섰던 이유는 자명합니다. 중생의 삶이 도탄에 빠졌기 때문이었죠. 부처님의 가르침을 담고 있는 팔만대장경을 보존하고 지키기 위해 노력한 까닭도 분명합니다. 중생구제 때문에 부처님이 세상에 오셨다는 가르침의 본래 의미를 놓치지 말라는 것이겠죠.

가야산에 안긴 해인사가 지켜온 우리 불교, 우리 큰 스님들의 흔적을 따라가며 '중생에게 다가섰던' 부처님과 큰 스님들의 가르침이 다시 한번 가슴을 울려옵니다. 그 먹먹한 마음을 의지처 삼아 부처님의 세계로 나아가는 용맹정진의 마음을 되새기면서 다시 순례의 길을 나섭니다.

소리길을 따라 해인사에 오르는 순례대중

해인사 소리길

대장경테마파크에서 영산교까지 약 6km가량 걸으면서 계곡의 물소리, 새소리, 바람소리를 들을 수 있는 힐링 탐방로. 홍류동 계곡을 따라 조성된 순례길이다. 고운 최치원 선생이 말년에 이곳에 은거하였을 때, 소나무 숲 사이로 흐르는 계곡물이 바위에 부딪치는 소리가 선생의 귀를 먹게 했다는 이야기에서 이름을 붙였다.

법보길, 10일차

소리길을 거쳐 해인사로 향하고 있는 순례대중들

해인사 도착 후 회향식

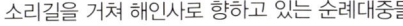
순례대중을 맞이하고 있는 해인사 대중들

삼보사찰 108 천리순례길—법보길, 가야산 불교문화권 119

> 삼보종찰 방장 인터뷰
> **해인총림 방장 원각 스님**

"걸음걸음에 정성 다하고 깨어있다면 천리순례는 최고 수행"

문 한국불교중흥과 국난극복을 발원한 상월선원 만행결사가 올해 9월30일부터 10월18일까지 19일간 삼보사찰 108 천리순례를 진행합니다. 방장스님께서는 이번 천리순례에 대해 어떻게 생각하십니까?

답 "한국불교 수행과 문화의 전통이 서려 있는 삼보사찰을 순례한다는 것은 매우 의미 있는 일입니다. 통도사에는 부처님 진신사리가 모셔져 있고, 해인사에는 팔만대장경이 있으며, 송광사는 고려 16국사를 배출한 유서 깊은 사찰입니다. 그렇기에 이번 순례는 불법승佛法僧 삼보의 의미를 되새기고 스스로 재발심하는 계기가 될 것입니다.
복잡한 일상을 내려놓고 본성을 찾아가려는 이번 삼보사찰 108 천리순례는 우리의 불성을 깨닫고 지혜롭게 살아가려는 지극한 신심에서 비롯된 것입니다. 사부대중이 함께 걷는 이번 순례는 또 다른 수행문화로 한국불교에 새로운 활력을 불어넣게 될 것입니다."

문 불교에서 순례가 갖는 의미는 무엇입니까?

답 "순례는 나를 찾아가는 여정입니다. 내 본성을 깨닫기 위한 여정이라고 할 수 있습니다. 우리가 불교성지를 찾아가 참배하고 부처님

과 조사스님들의 가르침을 따르고 순례하는 과정에서 화두를 챙기고 공부하는 모든 것이 결국은 내 본성을 찾기 위한 것입니다.

❓ 한국불교의 삼보사찰 가운데 해인사는 법보종찰이면서 수많은 고승들이 주석했던 사찰입니다. 한국불교에서 해인사가 갖는 위상은 무엇이라고 생각하십니까?

❗ "해인사는 1946년 효봉 스님이 가야총림을 개설했고, 1967년 성철 스님이 해인총림을 개설하면서 종합수행도량으로서의 면모를 갖췄습니다. 고암, 성철, 혜암, 법전 스님 등 조계종 종정을 역임하셨던 선지식들이 주석했던 도량이었고, 해인총림의 선원, 율원, 강원을 거쳐 간 스님들도 수없이 많습니다. 비록 출가 본사는 다르더라도 해인총림에 들어와 수행하면 본사 대중과 다름없이 생활할 수

있도록 배려한 수행풍토가 있었기에 가능했습니다. 그렇기에 오늘날 해인사는 한국불교의 중심도량이면서 스님들의 귀의처이기도 합니다."

문 해인총림 초대방장을 지내신 성철 스님께서는 근현대 시기 한국불교의 쇄신과 변화를 위해 직접 백일법문을 열어 불교의 근본 가르침이 무엇인지를 역설하며 불교가 나아갈 방향을 제시하셨습니다. 상월선원 회주 자승 스님을 중심으로 진행하는 삼보사찰 108 천리순례도 현대 한국불교의 쇄신과 변화를 위한 새로운 결사라는 평가가 있습니다.

답 "성철 스님은 1967년 해인총림을 개설하면서 첫 동안거를 맞아 백일법문을 하셨습니다.

성철 스님이 백일법문을 통해 제시하신 것은 결국 한국불교 교단과 출가수행자가 궁극적으로 추구해야 할 가치가 무엇이냐는 것이었습니다. 침체된 한국불교가 새롭게 나아가기 위해서는 부처님의 근본 가르침으로 돌아가야 한다는 것이고, 출가수행자 스스로 수행을 통해 본래 정체성을 회복해야 한다는 것이었습니다.

상월선원 회주 자승 스님이 중심이 돼 진행하는 삼보사찰 108 천리순례도 이와 무관하지 않다고 봅니다. 현대산업화로 종교의 역할은 갈수록 축소되고 있습니다. 한국불교도 신도와 출가자 수 감소가 이어지면서 어려움을 겪고 있습니다. 지난해부터 창궐한 코로나19로 문화적 변화도 급격히 진행되고 있습니다. 기존의 낡은 사고로는 이 같은 변화에 대응하기 어려울 것입니다. 이런 상황에서 한국불교중흥과 국난극복이라는 원력으로 사부대중이 천리순례에 나서는 것은 불교 변혁을 위한 수행이라고 할 수 있습니다. 부처님과 역대 조사님들의 가르침을 새기고, 각자의 화두를 챙기면서 순례를 진행하다 보면 불교의 진면목을 찾게 될 것입니다."

문 전 조계종 종정 혜암 스님께서는 "공부하다 죽어라"라고 말씀하셨습니다. 수행자의 각오를 말씀하신 것 같은데 천리순례를 어떤 마음가짐으로 걸으면 될지 당부의 말씀 부탁드립니다.

답 "혜암 스님께서는 일종식 一種食 과 장좌불와 長坐不臥 를 실천하면서 두타행을 하셨습니다. 그러나 스님께서는 그 생활을 고행으로 여기지 않으셨습니다. 스님께서 '공부하다 죽어라'고 하셨던 것은 결국 치열한 정진을 이어갈 때 비로소 궁극의 깨달음에 도달할 수 있다는 경책이었다고 봅니다. 행선은 전통적인 불교수행의 하나입니다. 내딛는 한 걸음 한걸음에 정성을 다하고 깨어있다면 천리순례는 최고의 수행이 될 수 있을 것입니다. 이번 순례에 한 사람의 낙오자도 없이 불성을 깨달아 지혜로운 삶을 살고, 국난극복과 불교중흥을 이룩하고 그 공덕이 일체중생에게 회향되길 축원합니다."

〈법보신문 2021.9.1.〉

해인사 산문을 나서서 소리길을 내려가니 청량사를 지나게 됩니다. 가야산에서 신선이 되었다는 고운선생도 청량사와 해인사를 자주 오갔던 모양입니다. 소리길 주변에 펼쳐진 농산정籠山亭과 제시석題詩石 등이 모두 고운선생의 일화를 전하는 흔적들이랍니다.

고운선생이 찾은 천불의 국토, 청량사

소리길을 내려오다 남쪽을 바라보면 남산제일봉 아래 청량사로 향하는 표지판이 있습니다. 남산제일봉은 매화산 혹은 천불산이라는 이름도 가지고 있답니다. 산봉우리 부근의 기암괴석들이 매화꽃이 활짝 피어있는 듯하다고 매화산, 그 기암괴석들이 각양각색의 부처님들이 서있는 것 같다고 천불산이라고 불렀답니다. 보통 남쪽은 불을 상징합니다. 옛날 해인사 스님들은 해인사의 화재가 이 남산의 불기운[火氣] 때문이라고 생각했습니다. 해인사 큰 절을 창건한 후에는 매년 단오에 스님들이 청량사에 와서 소금을 묻어 불기운을 억누르고 있답니다. 천불산 천불을 대표하는 부처님은 통일신라시대에 모신 석조 석가여래부처님입니다. 그 부처님과 함께

남산제일봉과 청량사   청량사 석조여래좌상

천 분의 부처님이 가야산을 찾고 또 떠나는 중생들을 일일이 보듬고 있는 셈입니다.

대가야 마지막 태자의 이야기, 월광사지

소리길 끝자락에는 월광사지가 있습니다. 지금은 최근에 세운 조그만 법당과 절터를 지키는 두 개의 삼층석탑만 남아 있습니다. 월광사는 대가야의 마지막 왕인 도설지왕[월광태자]이 창건하였다고 전합니다. 대가야가 멸망한 후 마지막 월광태자가 이 절을 세우

월광사지 동서 삼층석탑

고 말년을 보냈기 때문에 월광사라고 불렀다는 이야기, 대가야의 월광태자가 신라에 대항하다가 전사한 자리에 그의 넋을 기리기 위해 절을 세웠기 때문에 월광사라고 불렀다는 이야기도 전합니다. 인생의 무상함을 절감했을 때, 그때서야 부처님의 가르침을 찾게 되는 중생을 떠올리게 합니다.

화창한 가을날씨를 느끼며 걷는 순례길(고려대장경이운길 1구간)

장경이운길

스님들과 순례객들은 월광사지 앞에서 발걸음을 동쪽으로 돌려 낙동강을 향합니다. 개경포開經浦 나루까지 이어지는 길입니다. 몽골 침입 때 조성한 고려재조대장경은 본래 강화도 선원사禪源寺에 처음 보관하였습니다. 조선 초기에 한양 서대문 바깥에 있던 지천사支天寺로 옮겼다가, 다시 합천陜川 해인사海印寺로 옮겨 온 것이죠. 개경포에서 해인사로 이어지는 길은 배에 싣고 온 대장경판을 해인사로 옮긴 길이기도 합니다. 그래서 '장경이운藏經移運길'이라고 부릅니다. 스님들, 조선의 양반과 백성들까지 지역의 모든 사람들이 나서서 대장경판을 이고지고 옮겼죠.

대장경을 해인사로 옮긴 데는 이유가 있습니다. 부처님의 가르침을 잘 보존하고 다르면 나라가 평안해진다는 믿음이 우리 조상들에게 있었습니다. 그런데 고려 말 조선 초에는 왜구들이 해안가와 섬을 자

주 침범했습니다. 나라를 평안하게 하는 보물을 왜구가 침범하는 강화도에 둘 수가 없게 된 것이죠. 좀더 안전한 내륙지방에 부처님 말씀을 잘 보전할 곳이 필요했습니다. 해인사가 낙점되었죠. 고령의 낙동강변 포구 개경포는 이때 대장경판을 배에서 내린 곳입니다. 여기서부터 해인사까지 약 백 리길을 사부대중이 함께 나서서 이고지고 날랐다고 전합니다. 민족과 나라가 안락하기를 바라는 원력이 서린 땅을 다함께 걷는 길입니다.

고려대장경이운길 1구간을 순례하고 있는 대중들

고령 대가야읍 우륵박물관 가얏고마을을 지나며

고령은 대가야의 땅입니다. 그 대가야의 문화를 대표하는 인물 중의 한분이 바로 악성樂聖으로 불리는 우륵이죠. 대가야읍에는 가얏고마을과 우륵박물관이 있습니다. 우리나라 음악의 출발지라고 보아도 좋은 곳입니다. 가야금은 가야의 가실왕과 우륵이 중국의 아쟁에서 영감을 받아 만든 현악기입니다. 가야는 멸망하지만, 우륵과 가야금의 진가를 알아 본 진흥왕이 우륵을 발탁하여 신라의 국악을 만들게 됩니다. 사람을 화합하게 하고 나라를 평안하게 하는 화합의 음악이 바로 우륵의 음악이기도 합니다. 따로따로가 아니라 함께 어우러지는 아우름화합의 정신이 시작된 땅이라고 보아도 좋겠죠. 저마다의 존귀함과 가치를 인정하는 불교정신의 또 다른 모습이라고도 하겠습니다.

고령 대가야 박물관과 지산동 고분군

대가야읍 관음사

대가야읍에는 관음사가 있습니다. 흔하디흔한 절 이름이지만 흔하지 않습니다. 오래되지도 않았습니다. 100년 남짓 된 절이니까요. 하지만 특별합니다.

조선시대에는 읍성이나 읍치가 있는 곳의 사찰 대부분을 폐쇄했습니다. 스님들의 도성출입도 금지되었습니다. 스님들의 도성출입금지는 1895년에 해제되었습니다. 관음사는 도시포교가 다시 시작된 1911년에 창건되었습니다. 그런데 1892년에 조성한 특별한 불화가 있습니다. 칠성전에 모셔진 칠성도입니다.

대부분의 사찰 불화와 달리 이 칠성도에는 부처님과 권속들이 병풍 앞에 줄지어서 나란히 그려져 있습니다. 마치 부처님과 권속들을 병풍앞에 줄지어 세워놓고 사진을 찍은 듯합니다. 시대가 변하고 사람들이 변하니, 부처님과 권속들도 시대와 사람에 맞추어 교화하시겠다는 의도가 읽혀집니다.

대가야읍을 지나는 순례대중

중생이 부처님을 찾기도 하지만, 부처님이 더 열심히 중생을 찾아간다는 원력을 느끼면서 대가야의 땅을 걷습니다.

호법용의 기운이 서린 반룡사

대가야읍 서쪽 쌍림면에는 반룡사가 있습니다. 통일신라시대인 802년에 처음 창건되었고, 고려시대에 보조국사와 나옹왕사에 의해 중창된 절입니다. 임진왜란 때 불탔는데, 사명대사 유정이 다시 중창하였다고 전하는 사찰입니다. 고려 말에 만들어진 다층석탑이 유명한 곳이죠. 점판암을 갈아서 만든 독특한 모양의 탑입니다. 영조 29년1753에 만든 반룡사의 동종도 조선후기 양식으로 유명합니다. 둘 다 경상북도 유형문화재인데, 왜 반룡사가 아니라 대가야박물관에 전시되어 있을까. 부처님의 사리를 모신 불탑과 동종이 박물관이 아닌 사찰에서 제자리를 찾았으면 좋겠습니다.

반룡사에 복원되어 조성된 다층석탑

개포동 석조관음보살좌상

개포동 석조관음보살좌상

개경포로 가는 이운길 중간, 개진면 시례골 마을 뒷편 우측 산비탈에 축대 위에 모신 관음보살좌상이 있습니다. 보살상은 앉은 모습으로 광배로 사용된 석판 위에 선각으로 모셔져 있습니다. 머리에는 보석처럼 장식한 고려시대 관모 모양의 관을 쓰고 뒤에는 배 모양의 광배가 조각되어 있습니다. 관모 모양의 보관 중앙에 아미타불을 모시고 있어서 관세음보살상임을 알 수 있지요. 고려시대 민간의 양식이 강하게 반영되어 있어서, 마을에서 모신 보살님이란 것을 알 수 있지요. 광배 뒷면에 '옹희 2년 을유 6월27일 雍熙二年乙酉六月二十七日'이라는 음각된 명문으로 보아 985년에 조성된 것입니다. 불교신앙이 마을 사람들의 신앙으로 확산되어 가는 역사적 과정을 보여주는 보살님입니다. 또 마을 사람들의 소망에 응하여 나투신 관음보살님이기도 합니다.

개경포 기념공원 開經浦記念公園

고령군 개진면의 낙동강변에 있는 포구마을 개경포의 역사를 기념하는 공원입니다. 낙동강 수로를 따라 이운된 팔만대장경을 이 포구에 내려서 해인사로 이운한 것을 기념하기 위해 이후 개경포라고 불렀어요. 해인사로 팔만대장경을 이운할 때 영남 일대의 승려와 신도들이 골고루 참여하였다고 전한답니다.

개경포 기념공원

해인사에 모셔진 대장경판의 조성이 고려의 임금과 신하 그리고 백성들이 다함께 부처님의 가르침과 가피에 의지하여 몽골의 침입을 극복하고자 하는 원력을 모아서 이루어진 것임을 밝힌 이규보의 글이지요. 부처님의 가르침을 보존하려는 원력과 그 원력에 따른 부처님의 가피로 국난을 극복하겠다는 호국불교의 의지가 담겨 있어요.

개경포 나루와 낙동강

낙동강을 건너
창녕으로 들어서는 순례대중

> 불보길
> 영축산 불교문화권

나무 붓다야!
거룩한 부처님께 귀의합니다!

거룩한 삼보에 귀의합니다.

삼보를 예경하는 순례의 원력으로
국난극복과 불교중흥의 길을 가겠나이다.

본래의 모습이 다 부처라고 일깨우신 불보의 길
부처님의 가르침이 길마다 장엄한 법보의 길
구도의 절실함마저 수승한 승보의 길

자비로운 손길과 지혜의 눈을 열어주신 것처럼
불은에 화답하는 위대한 여정으로 삼겠나이다.

순례의 일심발원이 전법중흥을 이루고
이웃과 사회의 아픔을 사르는 길로 나아가겠습니다.

용기와 희망으로 서로가 스승이기를 발원하오니
널리 섭수하시어 길을 밝혀 주시옵소서.

나무 석가모니불
나무 석가모니불
나무 시아본사 석가모니불

- 일일발원문 -

불보길, 영축산 불교문화권

우포늪

관룡사와 용선대

사명대사 생가 고택

영남루

홍제사

낙동강을 건너 창녕으로 들어서는 순례 모습들

개경포 나루를 지나, 낙동강을 건넙니다. 낙동강 칠백 리 물길은 예부터 경상도의 비옥한 농지를 살찌운 젖줄이기도 하지요. 개경포를 건너면 달성군입니다. 멀리 비슬산이 보입니다. 비슬산의 옛 이름은 포산包山입니다. 포산에서 오랫동안 수행했던 일연스님은 포산에서 정토수행을 했던 두 분 큰 스님의 이야기를 전해줍니다. 도성과 관기라는 스님입니다. 아마 멀리 보이는 저 비슬산 서쪽 기슭 아래 즈음이었겠죠. 정토신앙을 통해 중생을 구제했던 스님들이 대대로 머물렀던 비슬산을 바라보며, 창녕으로 걸음을 옮깁니다.

창녕에 들어서면 이방리입니다. 이방리는 고령군 우곡면, 달성군 구지면, 합천군 덕곡면 등 네 군이 낙동강을 사이에 두고 만나는 곳이기도 합니다. 낙동강 구비길이 만들어내는 구분이

기도 하지만, 강만 건너면 네 군의 사람들이 한데 어우러지는 곳이기도 합니다. 낙동강변을 끼고 있는 들판을 가로질러 창녕읍을 향하다 보면 우포늪을 만납니다. 낙동강 물길이 바다를 만나기 직전에 만들어낸 우리나라 최대의 자연습지이자 천연기물로 지정된 곳입니다.

부처님은 인간만의 삶이 아니라 모든 생명들이 저마다 존중받는 삶을 강조하셨죠. 인간만이 아니라 인간과 더불어 공존하는 자연, 그리고 뭇 생명들이 야생 그대로의 모습을 보존하고 있는 생태박물관이 바로 우포늪입니다. 인간과 저 다양한 생명들이 서로 공존하고 상생할 수 있는 환경을 갖출 때, 비로소 우리는 미래세대에게 당당할 수 있겠죠. 무분별한 개발이 만들어낸 척박한 도시환경을 생각하면서, 아름다운 자연이 함께하는 미래를 꿈꾸면서 다시 길을 재촉합니다.

우포늪 전경

관룡사 전경

관룡사,
용의 등천을 보고 절을 짓다

낙동강 강변길을 따라 창녕읍을 둘러갑니다. 창녕읍을 둘러싸듯이 안고 있는 동쪽의 저 높은 산은 화왕산입니다. 화왕산 남쪽 봉우리는 영취산이고요. 억새밭으로도 유명한 화왕산을 대표하는 사찰이 바로 창녕의 대표 사찰 관룡사입니다. 신라 진평왕 5년583에 증법국사證法國師가 처음 절을 지었다고 전합니다. 절을 지을 때 화왕산에 있는 세 개의 연못에서 아홉 마리의 용이 승천하는 것을 보았기 때문에 절 이름을 '관룡'이라고 지었답니다.

창녕 들판을 가로질러 가는 순례길

중생을 아울러 불국세계로 이끄는
용선대 부처님

관룡사 뒷편 화왕산 정상 부근에 용선대에 돌로 빚은 부처님 한 분이 앉아 계십니다. 지금은 동쪽을 향해 앉아 계신데, 본래는 남쪽을 향해 앉아계신 것을 일제 강점기에 방향을 바꾸었다는 이야기도 있습니다. 항마촉지인에 가까운 손모양을 보면 석가모니부처님 같습니다. 앉아계신 바위 봉우리의 이름이 용선龍船이라고 부른 것은, 사바세계의 괴로움에서 우리를 건져내어 극락세계로 이끌어 달라는 간절한 마음을 담았던 까

용선대 부처님

닭이라고 생각됩니다. 방방곡곡에 돌을 깎아 부처님을 모시고 불국토를 기원했던 조상들의 염원을 느낄 수 있습니다. 화왕산 동쪽 아랫자락은 영산면입니다. 영산면은 서화西化, 축산鷲山 등의 옛 이름을 가지고 있습니다. 부처님께서 법화경을 설하셨던 곳이 영축

관룡사 석장승

산이고, 그 이름을 딴 지명입니다. 영축산에서 부처님이 설법하시니, 영산 지역 전체가 불국토라는 의미입니다.

관룡사를 방문할 때 놓쳐서는 안 될 두 가지 이야기가 있습니다. 하나는 관룡사 산문을 지키는 돌장승입니다. 뭉툭한 코에 과장된 눈망울을 가진 한 쌍의 돌장승은 몇 가지 역할을 동시에 수행합니다. 우선 절의 경계를 표시하면서 잡귀의 출입을 막는 수문장의 역할입니다. 또 하나는 아랫마을의 수호신 역할입니다. 조선후기에 세워진 이 한 쌍의 돌장승은 불교문화와 서민신앙의 융합을 보여줍니다.

창녕의 푸른 새벽을 벗삼아

창녕의 절터와 불교문화, 술정리 동서 삼층석탑과 진흥왕척경비

술정리 동삼층석탑

화왕산에 관룡사가 있다면 산 아래 창녕읍에는 술정리 절터와 교상리의 진흥왕척경비가 있습니다. 술정리 동삼층석탑이 있는 자리는 최근에 송림사 절터로 밝혀졌습니다. 서삼층석탑이 있는 절터와 동삼층석탑이 있는 절터가 각기 다른 절터이므로 두 개의 절이 인접해 있었던 것이죠. 창녕은 진흥왕 때 새롭게 편입한 신라의 국경 지역이었습니다. 통일신라 이후에는 옛 백제 지역으로 나아가는 주요 교통로이기도 했고요. 신라 왕실에서 일찍부터 공을 들여 다스렸던 지역인 까닭에 경주의 불교문화가 그대로 이식되었던 곳이기도 합니다. 국보로 지정되어 있는 술정리 동삼층석탑을 조성했던 송림사 역시 불교를 활용한 신라의 지방 통치를 보여주는 현장이라고 볼 수 있습니다.

창녕 진흥왕척경비

창녕을 통과하고 있는 순례대중

🌱🪷

불교에 귀의하여, 승보종찰 송광사에서 출가하였습니다. 수행자로서 승복을 입고서 부처님의 가르침과 부처님을 찾아 나섰습니다. 부처님의 가르침을 세상에 어떻게 전해야 하는지, 부처님의 가르침대로 중생이 안락해지는 세상을 만들려면 어떻게 해야 하는지, 눈으로 보고 두 발로 걸었습니다. 사람과 사람이 함께 안락하고 화합하는 세상, 사람과 자연이 어우러지고 공존하고 상생하는 세상을 순례하고 느꼈습니다. 이제 부처님의 가르침을 좇아 시민과 온 나라가 어우러져 행복해지는 세상을 꿈꾸게 되었습니다. 남을 이롭게 함으로써 스스로를 이롭게 하는 길을 부처님은 보여주셨습니다. 옛 스님들은 보여주셨습니다. 이제 그 발걸음들이 펼쳐 낸 불국토의 길을 향합니다.

이제 창녕 영산면을 지나 밀양으로 들어섭니다. 밀양密陽, 햇살이 한없이 촘촘한 땅, 햇살이 가득한 땅입니다. 햇살을 숨기고 있는 땅이기도 하지요. 숨어있던 햇살처럼, 홀연히 나타나 이 나라, 이 나라 중생들의 삶을 구하는데 온 몸을 바친 분이 있었습니다. 존귀한 생명을 구하는데 한계를 두지 않았기에, '널리 구제한다'는 의미의 홍제弘濟라는 이름을 얻었던 분입니다. 맞습니다. 법보종찰 해인사 홍제암에서 입적한 그 분입니다. 사명대사로 더 잘 알려져 있지요.

창녕 부곡을 지나면 만나면 밀양의 첫 번째 땅, 무안면이 사명당 유정스님이 태어나신 곳입니다. 스님 한 분을 낳았기에 밀양은 호국의 땅, 널리 중생을 구제한 부처님의 땅이 되었습니다. 홍제존자 유정스님을 떠올리며 밀양 땅 너른 평야를 가로질러 걷습니다.

땀흘리는 부처님, 중생을 떠나지 못하는 스님!
홍제사와 표충비각

밀양시 무안면을 가로지르는 길의 이름은 사명로四溟路입니다. 무안면 소재지 바로 옆에 '표충비表忠碑'가 있고, 표충비를 지키듯 자리를 지키고 있는 사찰이 바로 홍제사입니다. 표충비는 임진왜란 당시 의승병을 이끌어 왜군을 크게 무찌르고 일본에 전쟁포로로 끌려간 조선인 3,000명을 환국시킨 사명대사의 숭고한 뜻을 기리기 위해 세웠습니다.

본래 이 자리에는 사명대사가 세운 백하암白霞庵이 있던 자리입니다. 1742년에 사명대사의 5대 법손인 남붕선사가 조정에서 표충사表忠祠란 사액을 받은 후에 절 이름을 중흥사라 고쳐 불렀답니다.

사명대사 생가 고택과 표충비

그리고 경산에서 돌을 구해 와서 절 안에 표충비를 세웠습니다. 비석의 정면에는 '유명 조선국 밀양 표충사 송운대사 영당비명병서'를 새기고, 뒷면과 옆면에는 '서산대사 비명'과 '표충사 사적기'가 새겨져 있습니다. 비문에는 표충사의 내력, 서산대사의 행적, 사명대사의 행적, 승병 활동, 가토 기요마사와의 담판, 왜란 후의 포로 송환 활동, 기허대사의 행적 등을 기록하였습니다.

  이 표충비는 아주 유명합니다. 나라에 큰일이 있을 때마다 땀을

불보길, 16일차

흘리기 때문입니다. 민간에서는 이러한 현상을 사명대사의 우국충정과 이 땅에서 살아가는 중생들에 대한 근심이 지금까지 전해지는 것이라고 믿습니다. 나라에 환란이 있을 때면 땀을 흘린다고 전합니다. 나라에 환란이 생기면 중생이 고통스럽기 때문입니다. 입적하신 지 벌써 400여 년입니다. 그래도 이 땅의 중생이 고통스러워지는 것을 견디지 못해서, 비석의 온 몸체를 다해서 눈물을 흘립니다.

무안 홍제사 표충비각 참배

무안 홍제사 표충비각 참배

의병을 일으켜 이 땅의 중생을 위해 나라를 구한 구국의 혼이 여전히 대한민국을 지키고 있습니다. 스님의 구국혼, 홍익중생의 일념을 되새기며 다시 길을 나섭니다.

새벽길을 재촉하는 순례단

밀양읍성·영남루·아랑전설 그리고 밀양아리랑

무안을 떠나서, 밀양시를 가르는 밀양강을 따라 걷는 길에 밀양읍성을 만납니다. 밀양읍성의 한쪽 밀양강을 내려다보는 자리에 우리나라의 3대 누각으로 불리는 영남루가 있습니다.

조선시대에는 밀양군의 손님이 머무는 처소였던 밀주관의 부속 건물이었습니다.

영남루에는 밀양부사의 딸이었던 아랑의 전설이 전해집니다. 아랑은 밀양부사의 딸이었는데, 어느날 밤 달구경을 나섰습니다. 그런데 관아 소속의 노비가 능욕을 보이려 했고, 저항하다 칼에 찔려 죽습니다. 시체는 대나무숲에 버려졌고요. 아버지는 그만 딸이 외간남자와 통정하여 달아났다 여겨서 사직하고 맙니다. 이후 부임하는 신임부사마다 죽었는데, 이상사李上舍라는 담이 큰 신임부사가 아랑의 원혼을 만나게 되고, 그 원한을 풀어주었다고 전합니다. 밀양아리랑은 아랑의 전설에서 시작되었다고 전해집니다.

밀양 영남루 수변공원길을 따라 순례하는 대중

나라가 기쁘면 태극나비가 날아오르는, 무봉사

밀양읍성 동쪽 편에 나지막한 동산이 있습니다. 밀양 관아 동쪽에 있다고 하여 아동산衙東山입니다. 밀양읍성과 아동산 사이에 있는 절이 바로 무봉사입니다. 신라시대에는 영남루 자리에 영남사嶺南寺라는 절이 있었는데요, 법조선사라는 분이 창건하셨답니다. 그런데 혜공왕이 영남사에 참배를 하러 왔다가 무봉산에 봉황이 내려앉는 것을 보고 암자를 지어 무봉암이라고 한 것이 이 절의 처음입니다. 고려시대에도 영남사는 지역을 대표하는 사찰이었는데, 조선시대에 성내의 사찰을 폐할 때, 절은 없어지고 절의 누각이었던 영남루만 남게 되었다고 합니다. 지금 무봉사 법당에 모셔진 통일신라시대의 석조석가여래좌상이 바로 영남사가 불탄 자리에서 모셔온 부처님이랍니다.

무봉사 석조여래좌상(보물 493호)

무봉암에는 태극나비 이야기가 전해집니다. 신라 말 나라가 쇠약해지면서 밀양 일대도 혼란스러웠는데, 어느 날 태극무늬를 가진 나비가 몰려와 무봉산을 뒤덮었답니다. 그로부터 얼마 지나지 않아서 고려가 세워지면서 태평성대가 왔습니다. 고려시대에 나라에 경사가 있을 때마다 태극나비가 무봉산을 덮는 일이 자주 일어났어요. 그런데 조선시대와 일제강점기에는 그런 일이 전혀 일어나지 않았는데, 1945년 8월 15일에 다시 태극나비가 무봉산을 뒤덮었답니다. 광복을 알린 것이지요.

🪷🪷

밀양아리랑의 땅 영남루와 아랑전설을 뒤에 두고 순례자들은 다시 길을 나섭니다. 코로나 재난이 언제나 진정될지 걱정스런 마음이 가득합니다. 코로나19로 인한 세계적 재난이 종식되었다는 기쁜 소식을 알려주는 태극나비가 밀양 땅을 넘어 우리나라 산천에 가득 날아오르기를 기원하는 마음 간절합니다. 밀양강을 따라 스님들은 순례의 발걸음을 표충사로 향합니다.

불보길, 16~17일자

순례대중들이 종립 홍제중학교에서 휴식과 아침공양을 하는 모습

삼보사찰 108 천리순례길—불보길, 영축산 불교문화권

호국성지 표충사 전경

사명대사의 호국정신이 살아 숨쉬는
표충사

표충사는 본래 신라시대에 원효스님이 창건한 죽림사竹林寺라는 사찰에서 시작되었습니다. 이 죽림사가 신라 흥덕왕 때 황면黃面스님에 의해 재건되면서 영정사靈井寺로 이름을 바꾸어서 조선 후기까지 전해지다 폐사가 되었던 절입니다.

   사명대사의 4대 법손인 천붕스님은 무안 홍제사 자리에서 표충사 사액을 받은 후에 표충비를 세우고 춘추로 향사享祀를 올렸습니다. 하지만 향사를 지내기에는 길도 좋지 않았고 사찰 공간도 마땅치 않아서 향사에 참여하는 이들이 많이 불편했다고 합니다. 100년이 지난 뒤인 1839년에 8대 법손인 천유스님이 불편을 해소하고자,

표충사 사명대사 진영

사명대사와 서산대사, 기허대사를 함께 모신 표충사

  이미 폐사가 되어 있던 지금의 재악산 영정사 자리로 표충사表忠祠를 옮겨 모시게 됩니다. 이때부터 사찰 이름 역시 표충사表忠寺라고 부르기 시작했습니다.

  지금은 사명대사의 호국정신을 기리는 호국성지로 잘 알려져 있고, 550여 회에 이르는 봄·가을의 사명대사 향사가 전승되고 있는 사찰이기도 합니다. 사명대사 향사에는 지금까지도 지역의 유림과 불교계 스님들 및 불자들이 함께 참여합니다. 불교가 억압당하고 있던 조선 후기의 상황에서 유림과 불교계의 추모를 동시에 받은 흔치 않은 사례입니다. 그것은 오늘날에도 마찬가지입니다.

표충사에 도착하는 순례대중을 환영하는 이주민들과 표충사 대중들

표충사에 도착하여 사명대사 다례재에서 차 공양을 올리는 순례대중

다례재에서 차공양을 올리는 순례대중

사자평

천혜의 자연유산으로 억새밭이 유명한 고산습지이면서 호국불교의 역사적 현장이기도 한 사자평. 표충사를 중심으로 한 사자평 산행 안내도.

재악산載岳山은 천황산天皇山 혹은 재약산載藥山이라고도 부르는데, 이것은 잘못된 명칭입니다. 천황산은 일제강점기에 붙여진 명칭이랍니다. 조선시대에 천왕산이라고도 불렸다는데 천왕봉 혹은 사자봉의 다른 명칭이고, 재약산은 달리 수미봉이라는 이름을 가지고 있습니다. 밀양시와 경상남도가 재악산으로 지명변경을 요청하였는데, 국가지명위원회에서 부결하였다고 합니다. 조선시대에 천왕산이라고 불린 이름이 천황산과 같은 명칭이라고 했답니다. 하지만 불교의 세계관을 조금만 알면 천왕봉사자봉과 수미봉이라는 이름이 옳다는 것은 자명합니다.

사자평은 전국적으로 유명한 영남알프스의 고산습지입니다. 하지만 역사적으로 보면, 신라시대에는 화랑도가 훈련하던 곳이었고, 조선시대 임진왜란을 전후하여 사명대사께서 승군을 훈련하던 곳이기도 합니다. 화랑도도 승군도 불교적 세계관을 가지고 살았던 이들입니다. 불교세계의 중심에는 수미산이 있고, 그 수미산을 중심으로 하는 불국토를 지키는 수호자가 바로 사천왕이기 때문입니다.

불보길, 18일차

사자평 억새평원에서 펼쳐진 소리꾼 장사익 선생의 특별공연

사자獅子는 불교에서는 지혜 곧 개달음을 상징하는 동물입니다. 문수보살의 상징이기도 합니다. 사자봉 아래에 있는 습지평원이었기 때문에 사자평이라고 부른 것이지요. 불교의 수행자였던 이들이 지혜를 닦고, 나라와 백성을 지키기 위해 몸을 단련한 고산습지 평원이 바로 사자평인 까닭입니다.

단순히 고산습지로 여겨지지만, 사실은 나라와 백성의 안녕을 지키려 했던 화랑도와 스님들의 피와 땀이 스며든 호국의 땅이 바로 사자평입니다.

몸을 닦고 마음을 닦는 화랑도와 스님들을 바라보며, 순례자들은 다시 부처님의 땅 영축산을 향하는 발걸음을 옮깁니다. 사자평을 넘어서니, 석남사가 순례자들을 맞이합니다.

사자평 억새평원을 넘고 있는 순례대중들

🔼 사자평을 넘은 후 회향하는 모습
🔽 사자평 길에 1일 동참한 중앙승가대 학인 스님들

삼보사찰 108 천리순례 대중의 자자 모습

도의국사의 숨결이 서린
비구니 전문수행도량, 석남사

가지산 석남사입니다. 가지산迦智山의 별칭이 석안산石眼山이었고, 그 산의 남쪽에 있다고 해서 석남사石南寺라는 이름이 생겼다고 합니다. 석남사는 선종의 9산문 가운데 가지산문의 개산조사이자 대한불교조계종의 종조이신 도의국사道義國師께서 신라의 호국을 기원하기 위해 창건한 사찰입니다. 때문에 산 이름을 가지산으로도 부르게 된 것이지요. 따라서 이 사찰의 첫 번째 보물을 꼽자면 무엇보다도 도의국사 사리탑으로 전해지는 보물 제369호 석남사 부도라고 할 것입니다.

사찰 안에는 정조 15년에 세운 극락전과 순조 3년에 세운 대웅전이 가장 오래 된 전각입니다. 하지만 근현대 시기에는 일제강점기와 한국전쟁을 겪으면서 황폐해졌습니다. 사찰이 지금과 같은 면모를 갖추게 된 것에는 비구니 인홍스님의 원력이 지대했습니다. 인홍스님은 1957년 석남사 주지로 부임했습니다. 이후 스님은 석남사를 한국을 대표하는 비구니 스님들의 수행처로 가꾸어 낸 것이지요.

상 가지산 석남사 산문
하 도의국사 사리탑으로 전해지는 부도

간월사 터

석남사를 참배한 스님과 순례자들은 신불산을 오른쪽에 끼고 남쪽에 있는 영축산 통도사를 향해 발걸음을 옮깁니다. 종조 도의국사를 참배하고 떠난 길이기 때문인지 발걸음이 사뭇 힘차 보입니다.

십리를 조금 넘게 걸으니, 오른쪽에 신불산神佛山이 나타납니다. 산중에 신불사라는 절이 있어서 신불산이라고 불렀다는 이야기가 전하는데, 신불사라는 절 이름은 세종실록 8년 정월의 기록에 이름이 딱 한번 보입니다. 왜 신불산이라고 부르게 되었는지는 모르지만, '부처님이 계시는 신성스러운 산' 정도라고 풀이할 수 있습니다. 수미봉과 천왕봉을 품은 재악산과 가지산 그리고 영축산과 천분의 성인이 깨달음을 얻은 천성산이 줄지어 선 곳이 영남알프스

간월사 터 북 삼층석탑

간월사 터 출토 불상

입니다. 그 산 중의 하나가 부처님이 계시는 신성스러운 산이라고 불리는 것은 어쩌면 당연해 보입니다.

그 신불산의 등억온천마을 한가운데 간월사澗月寺 터가 있습니다. 『동국여지승람』에 따르면 신라 진덕여왕 때 자장율사가 창건한 사찰이라고 합니다. 간월사澗月寺는 관월사觀月寺라고도 불렀다고 전합니다.

달은 부처님의 가르침을 뜻하므로, 어느 쪽이든 부처님이 말씀하신 진리를 드러낸다는 뜻이 됩니다. 임진왜란으로 폐사되었다가 인조 임금 때 중건하였다고 전하는데, 지금은 절터만 남아 있습니다. 석조여래좌상 한 분과 삼층석탑 한 쌍이 남아있습니다. 동쪽을 향해 서있는 금당 앞의 좌우 그러니까 남쪽과 북쪽에 삼층의 쌍탑을 배치한 사찰입니다. 석조여래좌상도 삼층석탑도 모두 통일신라 초기 무렵에 조성된 것으로 추정되는 양식입니다.

마지막 날의 마지막 새벽 순례

불보길, 18~19일차

불보종찰 영축산 통도사 전경.

부처님께서 상주증명하시는 불국토, 불보종찰 통도사

신불산 옆 간월사를 지나니 발걸음이 빨라집니다. 저 멀리 영축산이 보이는 까닭입니다.

불보종찰 통도사가 이제 눈에 선연해집니다. 영축산을 등지고 이제 영축산문靈鷲山門에 한 걸음 들어섭니다. 부처님께서 상주설법하시는 영산회상靈山會上의 땅입니다.

삼보사찰 108 천리순례길—불보길, 영축산 불교문화권 169

부처님의 진신사리와 가사를 모신 금강계단 석종.

이 땅에 처음 나투신 부처님의 진신이 상주하는 불신상주佛身常住의 불국토이기도 합니다. 불국토에 들어서는 스님들은 가사를 수하고, 순례자들은 옷매무새를 가다듬습니다. 이제 부처님을 뵙게 되니까요.

영축산문을 들어서면 무풍한송로가 스님들과 순례자를 맞이합니다. 무풍한송로舞風寒松路, 소나무들이 춤추듯 구불거리는 길이라는 뜻입니다. 이 길을 따라 가면 부처님을 만나기에 스님들과 모든 순례자가 삼보일배의 정진으로 마지막 순례의 여정을 시작합니다.

삼보일배로 나아가는 걸음이 빠르지는 않습니다. 그저 삼보에 귀의하는 한 번의 절과 세 번의 정성스런 발걸음이 하나 둘 더해질 뿐입니다. 무풍한송로 주변의 숲속과 계곡물의 모든 생명이 함께 일어나서 삼보일배의 정진에 동참하는 듯합니다.

돌로 세운 당간지주가 성지로 들어서는 순례자를 맞이해 줍니다. 불보종찰의 역사를 가꾸고 부처님의 가르침을 닦고 전승하는데 일생을 바친 스님들의 부도가 순례자들을 맞이합니다. 성보박물관을 지나니, 개울에 가로 걸쳐서 참배객을 맞이하는 다리가 있습니다. 삼성반월교三星半月橋입니다. 일주문 앞에서 시내를 건너는 다리이다. 경봉 스님께서 원을 내어서 건립한 것인데, 삼성은 세 개의 별 곧 점을 나타내고, 반월은 나머지 한 획이어서, 합하면 마음을 나타내는 '心' 한 글자가 됩니다. 난간도 없고 폭도 좁은 다리를 건너니 정신을 바짝 차리고 건너야 합니다. 그리고 그 바짝 차린 마음가짐으로 일주문 앞에 서게 됩니다.

'영축산 통도사'라 적힌 일주문이 서있습니다. 일주문의 기둥에는 '국지대찰國之大刹, 불지종찰佛之宗刹'이라는 주련이 통도사의 사격을 일러줍니다. 계속해서 삼보일배로 정진하는 발걸음이 천왕문을 지나면 영산전을 중심으로 왼쪽에 극락보전, 오른쪽에 약사전을 배치한 하로전에 들어서게 됩니다.

통도사 일주문

통도사 교구장 스님의 안내로 불보종찰 산문에 들어서는 순례대중

천왕문을 들어서면 하노전 구역이 됩니다. 하노전의 중심은 남향으로 지어진 영산전입니다. 영산전 앞에 서있는 보물 1471호인 삼층석탑을 가운데 두고 만세루를 마주하고 있습니다. 영산전은 석가모니 부처님의 영산회상을 재현한 법당이면서 동시에 석가모니 부처님의 팔상성도를 표현하는 팔상도를 봉안하고 있습니다. 그래서 팔상전으로도 불립니다. 영산전 서쪽 벽에 모셔진 견보탑품변상도는 우리나라에서는 유일한 것입니다. 보탑에 나란히 앉은 다보여래와 석가여래의 모습이 표현되어 있습니다. 영산전 맞은편에 있는 만세루는 법회에 주로 사용하던 공간입니다. 성보박물관이 새롭게 건립되기 전까

취타대의 인도로 통도사에 들어서고 있는 순례대중

지는 성보박물관으로 사용되기도 했던 건물입니다.

영산전 앞에 동서로 마주보고 있는 전각이 각각 극락보전과 약사전입니다. 극락보전은 서방극락정토를 관장하고 중생들을 극락으로 인도하는 아미타불을 모신 공간이고, 협시로 관세음보살과 대세지보살을 모셨

극락전 동벽(후벽) 반야용선도

습니다. 천왕문을 들어서자마자 만나는 이 극락전 동벽후벽에는 반야용선도가 그려져 있습니다. 중생을 이끌어 극락세계로 인도하는 지혜의 배이죠. 인로왕보살과 지장보살이 반야용선의 앞뒤에서 조선시대 다양한 계층의 중생들을 보호하며 극락세계로 인도하여 건네주는 모습입니다. 벽화 중의 한 인물은 이승에 미련이 남았는지 자꾸만 뒤돌아봅니다.

통도사 약사전은 약사여래부처님을 중앙에 모시고 그 뒤에 후불탱화가 있습니다. 약사여래불을 중앙에 그리고 한 단 아래에 일광보살과 월광보살을 그리고 있습

불보종찰 통도사에 들어서고 있는 순례대중

니다. 약사전에는 두 점의 또 다른 불화가 유명한데, 하나는 현왕現
王탱이고 하나는 삼장탱입니다. 명부시왕이 죽은 자를 심판하는 것
과 달리 현왕은 사람이 죽은 지 3일 만에 망자를 심판한다고 합니
다. 다음 생에는 보현왕여래가 되어 중생을 구제한다고 알려진 분
입니다. 약사전의 또 다른 보물인 삼장탱은 천장天藏보살, 지지보
살持地보살, 지장地藏보살의 세 분을 모신 탱화입니다. 천장보살은
천상계의 교주이고, 지지보살은 지상세계의 교주이고, 지장보살은
명부의 교주로서 천상과 지상과 지하의 삼계 중생을 구제한다는
의미를 담고 있습니다. 우리나라에서만 나타나는 독특한 불화입니
다.

　반야용선도가 그려진 벽을 앞에 두고 왼쪽으로 돌면, 천왕문 바
로 옆에 가람각이 있습니다. 검은 옷에 회색 수염을 내려뜨린 가람
신을 모신 조그만 전각입니다. 절의 터전을 지키고 불교를 옹호하
는 신이기도 합니다. 통도사에서는 섣달 그믐날 밤 11시 반에 주
지스님 혼자서 '가람청'을 염송하며 가람신에 기도를 올립니다. 묵은해와 새해가 교차되는 시간에 사찰의 대표로서 가람신에게 지난해의 옹호에 감사드리고 새해의 안녕을 기원하는 것이지요.

가람각 내 가람신

　대웅전으로 들어서는 경내의 마지막 문인 불이문

을 들어서면 중노전에 도착합니다. 통도사 불이문에는 '원종제일대가람源宗第一大伽藍'이라는 현판이 하나 더 있습니다. 한국불교의 근원이자 근본이 되는 가람이며, 불교의 근본이 되는 계율중심도량이면서, 성도 후의 첫 번째 설법인 화엄의 도량임을 의미하는 문구입니다. 중로전 구역에는 대광명전, 용화전, 관음전, 개산조당, 세존비각, 원통방, 감로당 등이 있습니다. 중로전의 원통방과 감로당 그리고 화엄전과 황화각은 중로전의 큰 방입니다.

중로전 오른쪽 황화각 안쪽으로 북쪽에서부터 남쪽으로 대광명전, 용화전, 관음전이 나란히 서있습니다. 그 안쪽에는 전향각, 장경각, 해장보각, 개산조당의 네 전각이 역시 북쪽에서부터 남쪽으로 줄지어 서있습니다.

대광명전은 목조 비로자나부처님을 모시고 있고, 그 후면에 비로나불삼신도가 봉안되어 있습니다. 왼쪽부터 비로자나불을 중앙에 그리고 석가모니불과 보관을 쓴 노사나불을 모신 탱화입니다. 노사나불은 설법인을 하고 있고, 화엄사 대웅전의 삼신불상과 같은 모습입니다. 대광면전의 삼신불도는 화엄사 대웅전의 삼신불도와 함께 삼신불을 표현한 몇 되지 않은 중요한 불화입니다. 대광명전 천장 도리 아래에 "오가유일객吾家有一客 정시해중인定是海中人 구탄천창수口吞天漲水 능살화정신能殺火精神"이라고 적혀있는데, "내 집에 한 손님이 있으니, 정녕코 바다 사람이다. 입으로 하늘에 넘치는 물을 머금어, 능히 불기운을 죽이는구나."라는 의미입니다. 화재에 취약했던 목조건물이 대부분이 절집에서 화재를 예방하려는 간절한 기원을 이 글귀에서 엿볼 수 있습니다.

대광명전과 관음전 사이에는 용화전에는 미래의 부처님이신 미

용화전과 봉발탑

록불이 모셔져 있습니다. 특이한 것은 아직 오시지 않은 부처님이기에 아무런 색깔도 없는 백의의 부처님으로 표현한 점입니다. 이 용화전에는 두 가지가 유명합니다. 하나는 서유기의 장면이 그려진 동서벽면의 벽화 6점인데, 우리나라 절의 벽화에 서유기의 장면이 남아있는 유일한 사례입니다. 유가행파가 미륵보살에게서 시작되고, 서유기의 주인공인 현장삼장이 유가행파 곧 중국 법상종의 조사이기 때문에 그려진 것으로 보입니다. 또 하나는 용화전 앞의 봉발탑입니다. 정확하게는 탑이 아니고 발우입니다. 석가모니불의 의발衣鉢을 미륵불이 이어받을 것을 상징합니다.

　맨 앞에 있는 전각은 관세음보살을 모신 관음전입니다. 특이하게도 닫집 대신에 감실을 두어서 관세음보살상을 모셨고, 33응신도 등이 벽화로 그려져 있습니다. 중생들에게 가장 인기있는 보살님이라는 것을 확인이라도 하듯 관음전 앞에는 커다란 석등이 서

있어서 참배객을 맞이합니다.

관음전 구역 안쪽으로는 앞에서부터 개산조당, 해장보각, 장경각 차례로 서있습니다. 개산조당 바로 앞에 세워진 석조 37조도품탑 앞에 서면, '개산조당'이란 편액을 붙인 솟을삼문집이 나타납니다. 이 솟을삼문은 해장보각海藏寶閣으로 들어가는 정문입니다. 개산조인 자장율사의 진영을 모신 곳이 바로 해장보각입니다. 해장이란 용궁에 보관되어 있던 대승경전을 의미합니다. 그러므로 자장스님께서 대승경전을 모셔 와서 봉안한 것을 기념한 이름입니다.

개산조 자장율사 진영

개산조당 옆 금강계단 오른쪽에 바짝 붙어서 세존비각이 있습니다. 계파대사께서 금강계단을 중수한 후에 석가모니 부처님의 영골사리부도비를 세우면서 함께 세운 것입니다. 자장스님이 모셔 온 석가모니 진신사리를 어떻게 보존했는지를 장세하게 기록하고 있습니다.

관음전을 지나면 삼층석탑을 만납니다. 이 삼층석탑을 넘어서면 상로전 영역입니다. 통도사의 중심부인 금강계단과 대웅전이 있습니다. 대웅전에는 사방의 문마다 다른 이름의 편액이 걸려 있는데 동쪽은 대웅전, 서쪽은 대방광전, 남쪽은 금강계단, 북쪽은 적멸보궁입니다. 대웅전 안에는 부처님의 상이 모셔져 있지 않습니다. 대

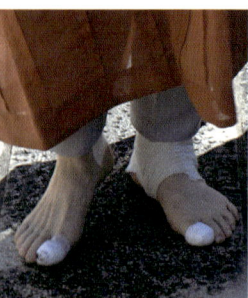
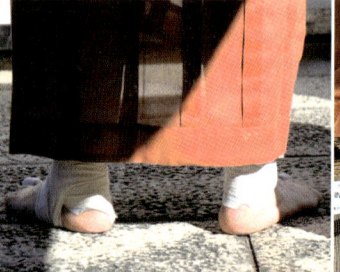

천리를 순례한 대중의 발

웅전 북쪽에 있는 금강계단에 자장율사가 모셔온 부처님의 진신사리를 모시고 있기 때문입니다. 대웅전의 금강계단을 면한 벽면에는 수미단이 모셔져 있고, 그 너머 유리를 통해서 금강계단을 참배할 수 있습니다.

자장스님께서 모셔온 부처님의 진신사리를 모신 이 금강계단에서 국지대찰 불지종찰 통도사의 역사가 시작되었습니다. 이 땅의 중생을 구제하는 불보의 역사가 비롯된 근원입니다.

대웅전 적멸보궁 쪽 주련은 다음과 같이 전합니다.

示跡雙林間幾秋　쌍림에서 열반에 드신지 몇 해가 지났던가?
文殊留寶待時求　문수보살 보배를 모시고 시절인연 기다렸네.
全身舍利今猶在　부처님 진신사리 지금까지 남아있어
普使群生禮不休　세상곳곳 많은 중생들 쉬지 않고 예배하네!

삼보일배의 정진으로 하로전과 중로전을 지나 마침내 부처님 품안에 이르렀습니다. 이 땅에 처음 불보가 전해져 수행자들을 낳은 한국불교의 근원이 되는 그 터전입니다. 절로 절로 머리를 숙이고 또 숙여서 부처님을 뵙습니다. 대웅전을 참배한 스님들과 순례자들이 신발과 양말을 벗고 금강계단에 들어섭니다. 부처님께서 진신을 나투어 스님들과 순례자를 맞이합니다.

통도사 금강계단을 참배하는 순례대중

통도사 금강계단을 참배하는 순례대중

삼보종찰 방장 인터뷰
영축총림 통도사 방장 성파 스님

"삼보사찰 순례,
부처님 성지 참배하며 가르침 새기는 수승한 공부"

문 한국불교중흥과 국난극복을 발원한 상월선원 만행결사가 올해 9월30일부터 10월18일까지 19일간 삼보사찰 108 천리순례를 진행합니다. 방장스님께서는 이번 천리순례에 대해 어떻게 생각하십니까?

답 "교통이 발달한 현대사회에서 걷는다는 것은 익숙한 일이 아닙니다. 더구나 천릿길을 걷는다는 것은 결연한 각오 없이는 어려운 일입니다. 상월선원 만행결사 대중들이 한국불교 중흥과 국난극복이라는 원력을 갖고 만행에 나선다는 것은 매우 의미 있는 일입니다. 그동안 스님들이 안거가 끝나면 부처님 성지를 따라 만행에 나서는 경우가 종종 있었지만 사부대중이 함께 삼보사찰 순례에 나서는 것은 처음 있는 일입니다. 이번 순례가 이 시대 새로운 수행문화로 자리매김할 것으로 기대합니다.

문 불교에서 순례가 갖는 의미는 무엇입니까?

답 "불교에서는 동중動中 공부가 정중靜中 공부보다 더 수승하다고 합니다. 물론 공부를 함에 있어 정靜 가운데 동動을 찾고 동에서 정을 실현하는 '동정일여動靜一如'가 돼야 하겠지만 동중 공부가 더 수승

하다는 것은 그만큼 동중에서의 공부가 어렵기 때문입니다. 순례는 참선하고 경을 보며 익혔던 공부를, 행선하면서 그 하나하나를 확인해 가는 과정입니다. 그런 점에서 순례는 단순한 행진이 아니라 그 자체로 수행이고 용맹정진입니다. 삼보사찰 108 천리순례는 불교 공부가 앉아서 하는 것만 있는 것이 아니라 부처님 성지를 찾아 참배하면서 부처님 삶과 가르침을 되새기는 공부가 있다는 것을 널리 알리는 계기가 될 것입니다."

문 삼보사찰 108 천리순례의 회향지가 통도사입니다. 한국불교 삼보사찰 가운데 통도사가 갖는 위상과 의미는 무엇입니까?

답 "불교는 불·법·승 삼보를 예경의 대상으로 삼습니다. 인도, 중국, 일본불교에서도 삼보 예경 전통은 이어지고 있습니다. 그러나 불법승 삼보의 의미를 담아 따로 삼보사찰을 명명하고 특별한 의미를 부여하는 것은 한국불교가 유일합니다. 삼보신앙을 강조한 한국불교의 특징이라고 할 수 있습니다. 부처님 진신사리가 모셔진 통도사, 가르침이 담겨 있는 해인사, 그리고 16국사를 비롯해 승가 전통을 이어오고 있는 송광사는 한국 불자들의 귀의 대상이고, 중요한 성지입니다. 그 가운데 부처님 진신사리가 봉안돼 있는 통도사는 불보사찰로서 한국불교의 중심이라고 할 수 있습니다."

문 통도사는 매년 동안거를 즈음해서 화엄산림법회를 진행하고 있습니다. 50여년 전 통도사 경봉 스님이 동안거 기간 스님뿐 아니라 재가불자들도 공부하는 분위기를 조성하자는 취지로 시작된 것으로 압니다. 당시 화엄산림법회는 큰 반향을 일으켰고, 이후 통도사 화엄산림법회는 한국불교의 수행문화를 증진시키는 데 크게 기여하고 있습니다. 삼보사찰 108 천리순례도 한국불교의 새로운 수행문화 조성에 기여할 것이라는 평가가 있습니다. 어떻게 보십니까?

답 "통도사를 창건한 자장 스님은 율사이면서 '화엄경'의 대가였습니다. 기록에 의하면 자장 스님은 당 태종 때 국빈으로 초청돼 황실에서 '화엄경'을 설했다고 합니다. 통도사 화엄산림 전통은 어쩌면 자장 스님 때부터 이어졌다고 볼 수 있습니다. 일제강점기 때도 구하 스님이 화엄산림법회를 열었다는 기록이 있습니다. 다만 해방과 한국전쟁이라는 격동기를 거치면서 중단됐습니다. 그러다가 경봉 스님이 한국불교의 쇄신을 위해 화엄산림법회를 열면서 오늘날까지 이어지고 있습니다. 통도사 화엄산림법회는 출재가를 떠나 모든 사부대중이 부처님 말씀을 익힘으로써 본성을 찾자는 의미가 담겨 있습니다. 부처님 근본 가르침으로 돌아갈 때 비로소 한국불교가 변화할 수 있는 것입니다. 상월선원 회주 자승 스님이 이끄는 삼보사찰 108 천리순례도 엄밀히 보면 불교의 근본정신으로 돌아가자는 의미가 담겨 있습니다. 부처님과 역대 조사들의 삶과 사상이 담긴 성지 곳곳을 참배하고 그 가르침을 새기면서 각자의 화두를 챙겨 본성을 찾아가자는 것입니다. 이번 삼보사찰 108 천리순례가 원만하게 회향된다면 향후 한국불교의 새로운 수행문화로 자리매김할 수 있을 것입니다."

문 순례를 통해 얻는 것이 있다면 무엇입니까?

답 "운동선수가 시합에 나가 봐야 자신의 실력을 가늠할 수 있듯 수행자도 자신의 진면목을 알기 위해서는 순례가 필요합니다. 참선을 하고 경을 보며 공부한 것을 밖에 나가 부딪쳐 보면 자신의 공부 정도를 알게 됩니다. 순례가 수승한 공부라는 것도 이런 이유입니다. 순례는 진정으로 자신을 돌아보고 점검하는 소중한 경험을 갖게 합니다."

〈법보신문 2021.9.8.〉

삼보사찰 108 천리순례 회향

회향 발원문

삼보사찰 천리순례를 마치며 부처님께 올립니다.

거룩하신 부처님!
오늘 저희 순례단은 18일간 420여km를 64만보 넘게 두 발로 걸어서 불지종가 통도사에 도착했습니다. 저는 국난극복과 불교중흥을 외치기도 하고, 때론 아무 생각 없이 걸었습니다. 누군가는 거창한 이슈라고 하고, 어떤 이는 관심이 없다고 외면합니다.

광명의 부처님!
오늘날의 한국불교는 정말 부처님이 칭찬하실 건강한 모습인가요?
석가세존의 머리사리와 손가락뼈를 모신 통도사는 비구 비구니 출가자와 우바새 우바이 제자가 계를 받아야 하는 금강계단 도량이기에 저의 깊은 고민을 아룁니다.

서기 646년 자장율사께서 중국 당나라의 신라여왕에 대한 업신여김을 극복하고, 백성의 불심을 지켜주기 위해 부처님 가사와 사리와 경전을 모셨습니다.

백성을 괴롭히던 아홉 마리 독룡을 설득하여 다섯 마리는 오룡동으로 가고 세 마리는 삼동곡으로 갔지만, 나머지 눈 먼 한 마리 독룡은 갈 수가 없어 부처님 법을 수호하는 맹세를 받아 지금의 작은 연못에 살게 하셨습니다.
그때가 선덕여왕 15년으로 통도사는 1376년 전에 세워진 국지대찰이요,

한국불교의 소중한 곳이기에 저희 순례자들이 찾아 왔습니다.

용기를 주신 부처님!
한국불교의 변화를 위해서 그 누군가는 변화의 깃발을 들어야 합니다. 사자평을 넘어 오면서 무척 추운 날씨를 경험했습니다. 찬 서리가 내리고 손발이 시려워 따뜻한 곳이 그리웠고, 새벽예불을 마치고 어둠을 지나 처음 가는 산길을 올라야 했습니다.

혼자라면 두려워 나서지 않을 길을 100여명의 순례 대중을 이끄시는 회주스님을 따라 걸었습니다. 그런데 만법을 통달하여 일체중생을 제도한다는 통도사 큰 법당에는 부처님 형상이 보이지 않아 의아했습니다.

우주 법계에 항상 계시는 부처님!
돌이켜보니 저희는 날마다 그 자리 그대로 계신 부처님을 만났습니다. 새벽에는 숨통을 트이는 신선한 공기로 오셨고, 어둠 속에서는 염불이나 화두정진으로 이끄셨으며, 어느덧 산이 보이고 물이 보이고, 나무와 꽃으로 나투셨습니다. 추울 때는 따뜻한 햇살로, 더울 때는 나무 그늘로 인도하셨습니다. 영취산 그대로가 법신 부처님이셨던 것입니다. 함께 걸어서 행복했습니다. 저희는 생각의 변화가 일어났고, 한국불교 중흥에 마음을 모을 것입니다.

'중생의 이익을 위해 중생의 행복을 위해 길을 떠나라' 라고 이르신 석가모니 부처님, 이제 저희에게 남은 것은 실천입니다. 국난극복도 나부터 우리부터의 변화가 시작이라고 생각합니다. 저희 순례자들이 지나온 뒷자리를 제대로 정리하지 못한 잘못을 참회합니다. 하늘을 나는 새는 지나온 흔적이 없는데, 저희의 부족함을 용서하소서.

그저 걸었을 뿐인데, 고생한다고 애쓰신다고 박수와 격려로써 맞아주신 스님들과 불자 형제 여러분 감사합니다. 어느 마을회관에서는 빗길을 걷는다며 앉아 쉬라고 공간을 내어주셨고, 시골길을 지나 올 때는 할머니 세 분이 순례자를 향해 합장으로 연신 허리를 굽히셨습니다. 눈물나게 고맙습니다.

함께하신 분들의 공덕을 찬탄합니다. 반갑게 맞아주신 분들의 소원이 이루어지도록 부처님께서 꼭 들어주시길 발원합니다. 저희는 중생 곁으로 움직이는 불교, 적극적인 불교, 친절한 불교로 나아가겠습니다.

부처님 머리뼈에 예경한 인연으로 저희에게 지혜를 내려주시고, 부처님 손가락뼈에 예경한 공덕으로 저희로 하여금 가난하고 어렵고 힘든 사람들에게 자비의 손길을 내밀게 하소서. 불보종찰에도 불법승이 계시고 법보종찰과 승보종찰에도 거룩한 세 가지 보물이 계시니, 삼보는 하나요 저희는 제자됨을 기쁘게 생각합니다.

이제 각자의 처소로 돌아갑니다. 상월선원 만행결사의 깃발을 중생계와 허공계에 회향합니다. 모든 생명에 부처님의 가피가 가득하기를 발원합니다.

나무 반야바라밀
나무 석가모니불
나무 석가모니불
나무 시아본사 석가모니불

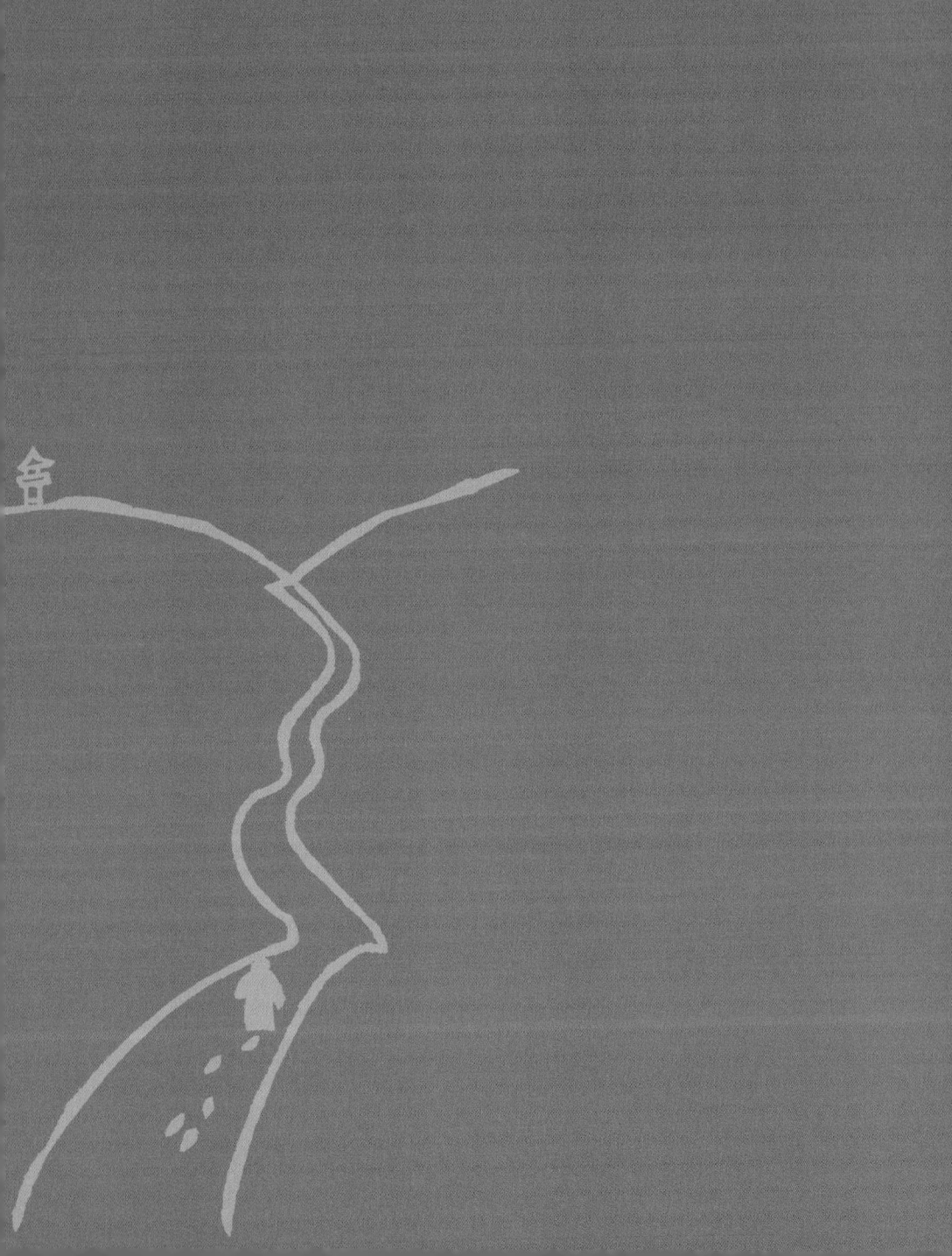

화보

- 1일차 오리엔테이션
- 2일차 입재식 순례(송광사-곡성)
- 3일차 순례(곡성-사성암)
- 4일차 순례(사성암-화엄사)
- 5일차 순례(화엄사-천은사-시암재)
- 6일차 순례(시암재-남원)
- 7일차 순례(남원-실상사-함양)
- 8일차 순례(함양-용추골)
- 9일차 순례(용추골-거창 가조)
- 10일차 순례(거창 가조-해인사)
- 11일차 순례(해인사-고령 예마을)
- 12일차 순례(고령 예마을-개경포)
- 13일차 순례(개경포-창녕)
- 14일차 순례(창녕-부곡)
- 15일차 순례(부곡 포교콘서트)
- 16일차 순례(부곡-무안홍제사-밀양)
- 17일차 순례(밀양-표충사)
- 18일차 순례(표충사-울주)
- 19일차 순례(울주-통도사)

1일차 오리엔테이션

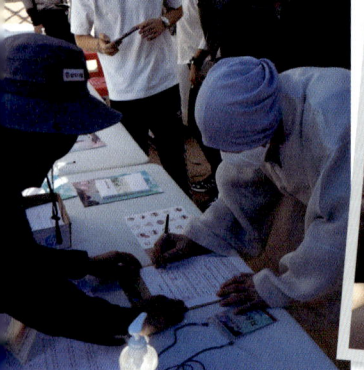

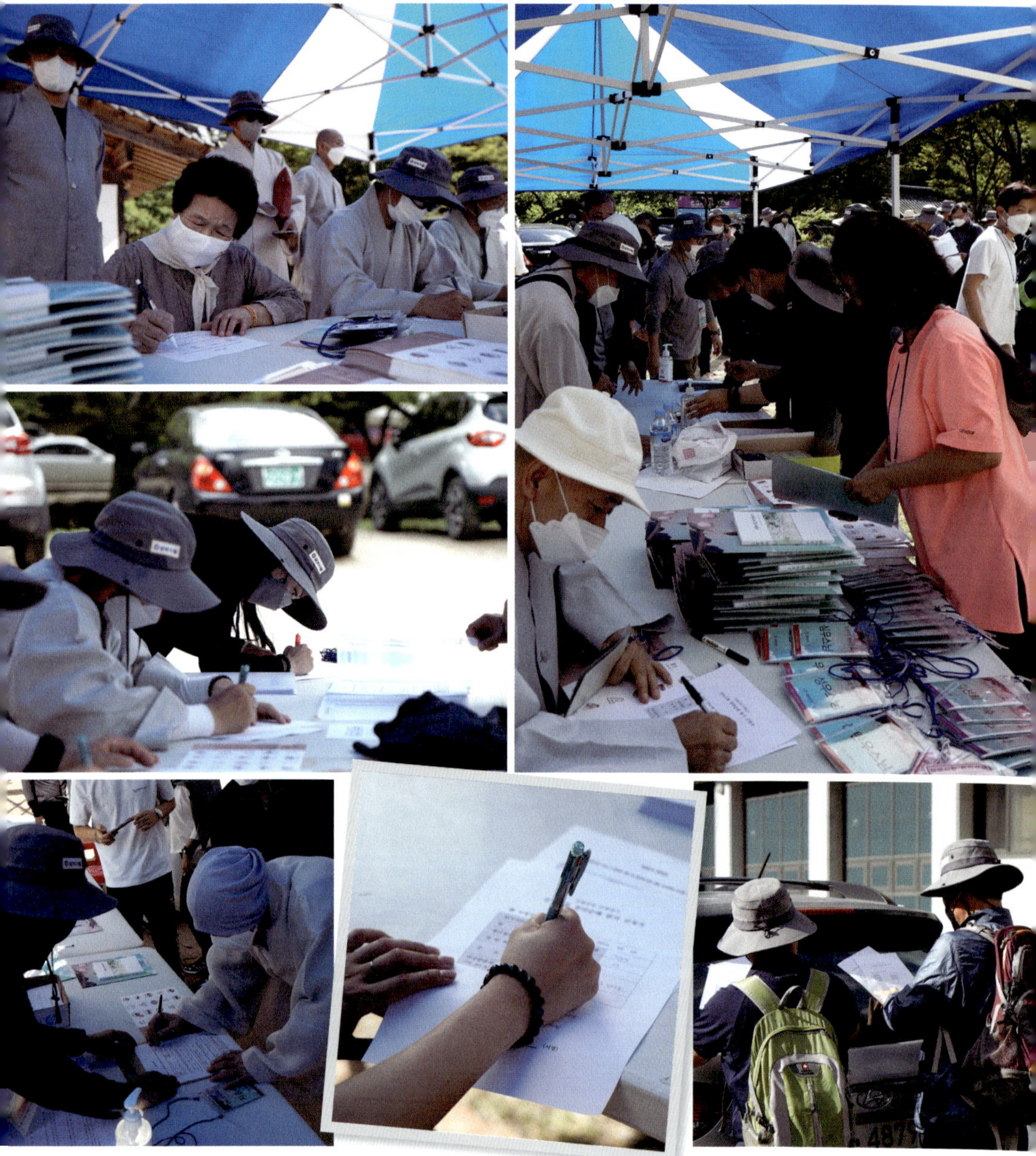

순례단 및 지원단 등록

순례에 앞서 가진 오리엔테이션

2일차 입재식 순례(송광사-곡성)

승보종찰 송광사를 참배하는 순례대중(국사전)

2일차 입재식 순례(송광사-곡성)

입재식에 참석한 김영록 전남도지사

승보종찰 송광사 입재식

순례대중을 위한 짜장면 점심공양

1일차 점심공양 짜장면!

3일차 순례(곡성-사성암)

이른 새벽, 순례를 나서기 전 예불을 올리는 순례대중

아침공양 전 공양발원을 올리며

아침공양을 하며 '쉼'을 갖는 순례대중

3일차 순례(곡성-사성암)

곡성구간에서 구례구간으로 접어들며 섬진강변을 따라가는 순례길

구례 구간 순례길에 동행한 구례군수

순례 중 유곡 마을에서 숨을 돌리고 있는 순례대중

동해마을 주민들의 환영 현수막

지원단의 텐트 방역 작업
(사성암 주차장)

숙영지에 들어올 때 열체크는 필수!

사성암 주차장에서 2일차 순례를 회향하고 있는 대중

3일차 순례(곡성-사성암)

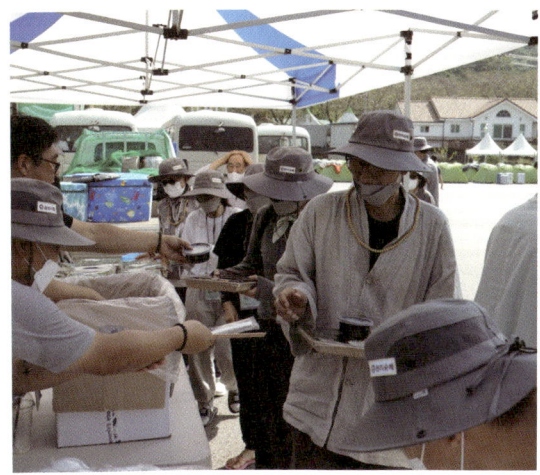

숙영지에 도착하여 휴식과 점심공양을 하고 있는 순례대중

사성암을 참배하고 있는 순례대중

4일차 순례(사성암-화엄사)

사성암-화엄사 구간 새벽순례

1일 참가자(이원욱, 주호영 의원)와 함께하는 공양발원

쉼터에서 쉬고 있는 회주스님

4일차 순례(사성암-화엄사)

화엄사에 들어서고 있는 순례대중

화엄사 회향식 중 회주스님께서 화엄사 교구장 스님에게 죽비를 수여하는 모습

의료지원팀이 순례대중의 발에 생긴 물집을 치료하는 중

화엄사 템플스테이 공간에 설치된 순례단 운영본부

4일차 순례(사성암-화엄사)

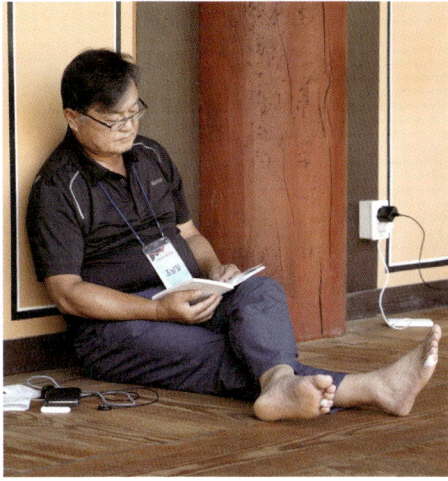

당일의 순례를 마치고 치료와 휴식에 열중하는 대중

화엄사에 도착, 저마다 휴식을 취하며

화엄음악제를 참관중인 순례단 외빈

화엄음악제에 동참하고 있는 대중

5일차 순례(화엄사-천은사-시암재)

천은사 주차장, 아침공양을 준비하는 천은사 주지 대진스님

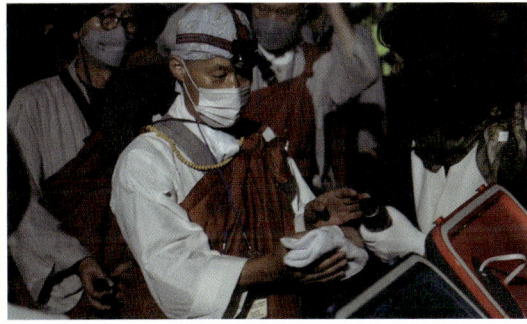

거룩한 삼보에 귀의하오며,
이 음식을 받습니다.

이 공양이 있기까지
수많은 인연에 감사하며,

모든 생명에
부처님의 가피가 가득하소서.

사바하

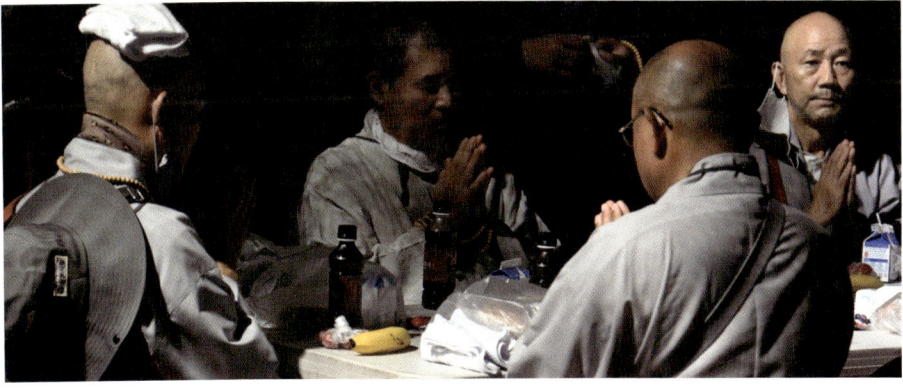

천은사 주차장에서의 아침공양

천은사에서 시암재로 올라가는 지리산 노고단길
순례와 쉼

5일차 순례(화엄사-천은사-시암재)

숙영지 시암재 주차장에 도착 후 회향

하늘과 맞닿을 듯한 시암재 정상

시암재 회향

시암재의 강풍 속에서 텐트를 설치하고 있는 자원봉사단원들

1일 점검회의

시암재 숙영지에 도착한 후 휴식을 취하는 모습들

시암재 숙영지에 순례단을 위해 준비된 음료

지리산 시암재를 휘감으며 퍼지는 클래식 음악의 선율. 시암재 주차장 '노을음악제'

6일차 순례(시암재-남원)

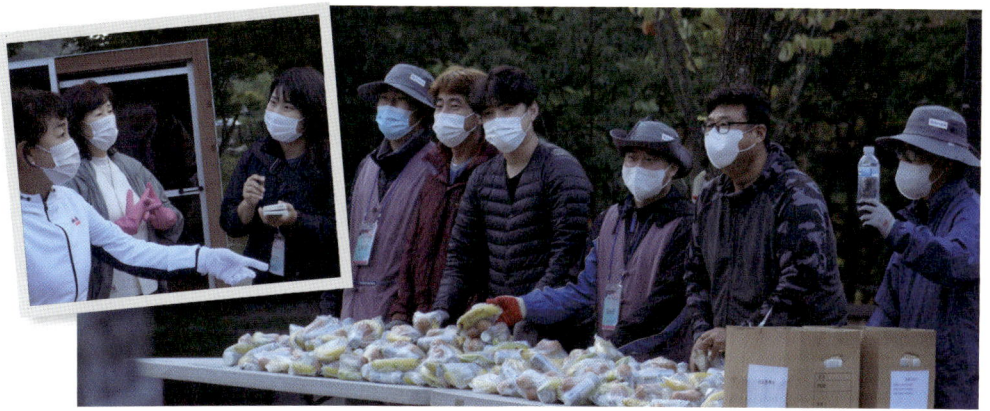

공양지원팀. 소홀함이 없도록, 든든하게!

모두의 '한걸음, 한걸음'을 지탱해주는 소중한 공양

나의 발은 소중하니깐!

아침공양 후 '오늘도 화이팅!'

안전에 도움을 주고 있는 지역 경찰관들.
'수고가 많으십니다'

회주스님, 잠깐의 휴식

안전요원

자원봉사팀원

숙박지에서 준비 중인 자원봉사팀

시암재-성삼재-남원 구간 순례

'오늘은 빨래하는 날', 숙박지에 도착 후 갖는 회향

순례단을 찾은 많은 방문객들

1일참가자와 환담하고 있는 회주스님

7일차 순례(남원-실상사-함양)

새벽 순례로 오늘 하루를 엽니다

실상사 대중들의 발원 속에 이어지는 순례길

실상사의 따뜻하고 감사한 아침공양

아침공양을 준비해준 실상사 공양간의 보살님들

7일차 순례(남원-실상사-함양)

실상사 도량과 하나된 순례단

실상사를 찾은 송하진 전북도지사

실상사 회주 도법스님의 배웅을 받으며 실상사를 나서고 있는 순례대중

실상사 대중들의 발원 속에 이어지는 순례길

남원구간을 벗어나고 있는 순례대중

함양에 들어서고 있는 순례대중

7일차 순례(남원-실상사-함양)

마중 나온 해인사 및 함양 지역 대중들

오도재와 지리산 제일문을 넘고 있는 순례대중

지리산 제일문 광장의 회향 모습

순례를 마치고 숙영지에서 느끼는 여유

화보 221

8일차 순례(함양-용추골)

새벽의 순례길에서

공양을 준비해준 '아름다운 동행'

8일차 순례(함양-용추골)

함양 상림을 지나고 있는 순례대중

함양 상림에서 휴식중에

함양구간 쉼터에서

순례단을 위해 공양을 준비하고 있는 모습

휴식을 하는 각양각색의 모습

8일차 순례(함양-용추골)

코스모스도 순례에 동참했네요

숙영지에서

9일차 순례(용추골-거창 가조)

나의 불빛으로 앞사람을 밝히며

'네가 고생이 많구나' 발을 돌보는 시간

9일차 순례(용추골-거창 가조)

'많이 드세요!' 우린 또 걸어야 하니까!

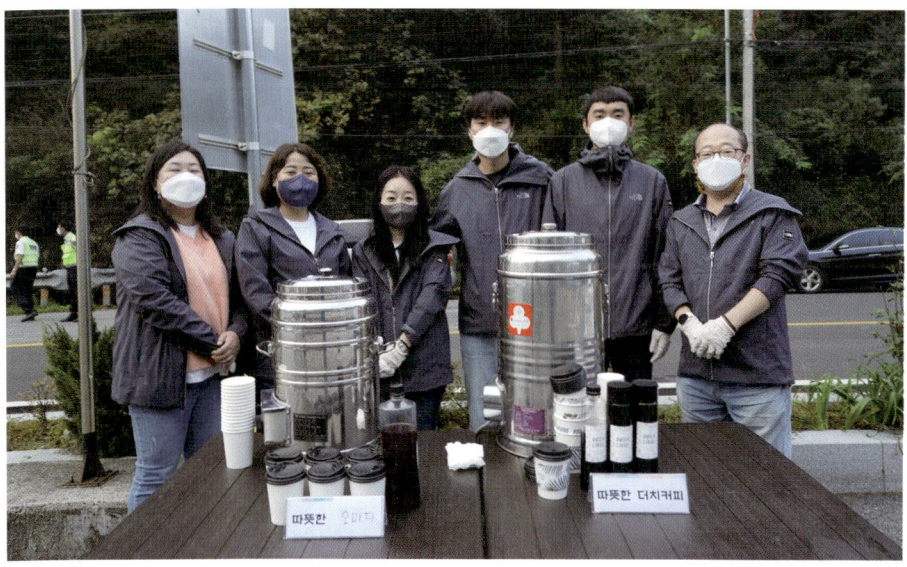

쉼터에서 따뜻한 커피공양

거창구간의 순례길

토닥토닥… 잠시만 쉬고 또 열심히 걸어볼까요?

순례단을 격려하러 온 총무원장 스님과 교구장 스님들

순례대중을 위해 격려하고 계신 조계종
총무원장 원행스님

순례대중을 마중 나온 거창 불교사암연합회 스님들

9일차 순례(용추골-거창 가조)

순례대중을 마중 나온 거창 지역의 대중들

공양기도 중(순례대중 비구니스님)

10일차 순례(거창 가조-해인사)

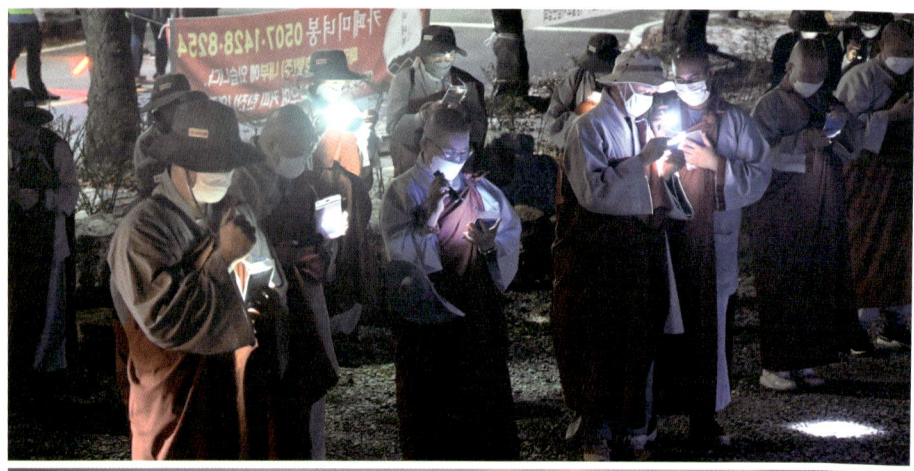

새벽의 순례길(가조)

취재진

10일차 순례(거창 가조-해인사)

아침공양, 길에서 먹는 것도 이젠 익숙해진 순례대중

야로면과 치인면을 지나는 순례길

10일자 순례(거창 가조-해인사)

소리길을 거쳐 해인사로 향하고 있는 순례대중

소리길을 거쳐 해인사로 향하는 중간, 달콤한 아이스크림으로 느끼는 즐거움.

쉼터에서 해인사 대중과 회주스님

10일차 순례(거창 가조-해인사)

해인사에 들어서고 있는 순례대중

1일순례에 동참한 해인사승가대학 학인스님들

순례대중을 맞이하고 있는 해인사 대중들

해인사 법보전을 참배하는 순례대중

해인사 회향식 중 해인사 교구장 스님에게 죽비를 수여하는 회주스님

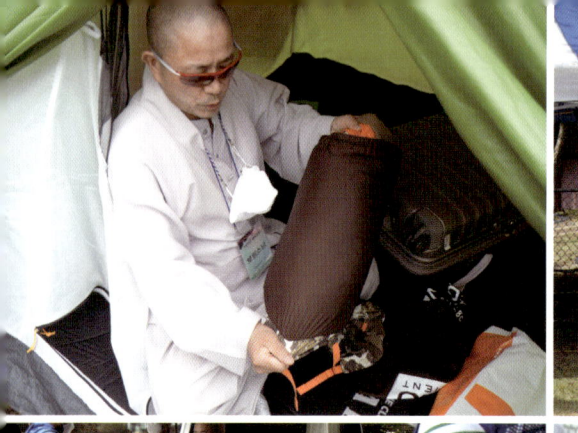

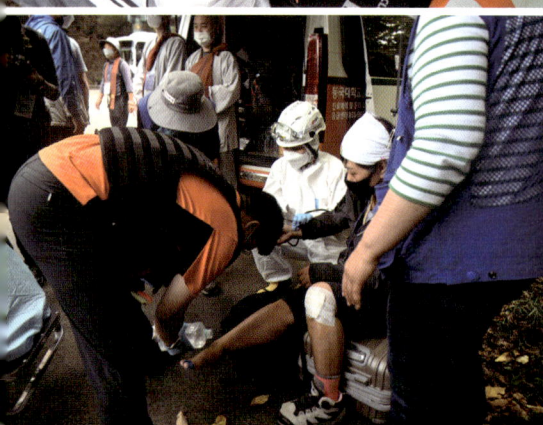
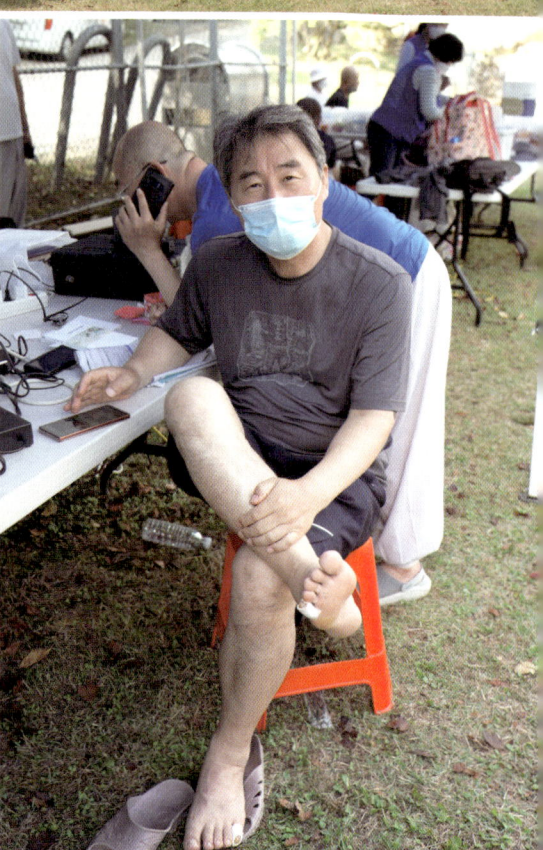

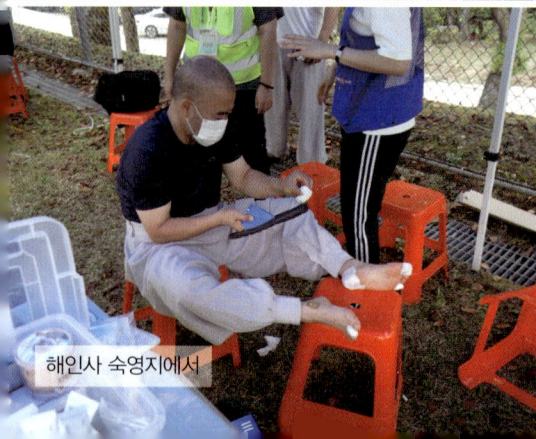

해인사 숙영지에서

11일차 순례(해인사-고령 예마을)

해인사를 떠나며(고려대장경 이운길 1구간)

화창한 가을날씨를 느끼며 걷는 순례길(고려대장경이운길 1구간)

11일차 순례(해인사-고령 예마을)

고령 예마을에 들어서고 있는 순례대중과 동화사 교구 대중의 환영

1일 참가자를 맞이하고 있는 호산스님

동화사 교구 대중과 함께 한 회향식

청암사승가대학 학인스님들이 함께 한 숙영지의 태극권 시연모습 및 대중공양

12일차 순례(고령 예마을-개경포)

고려대장경 이운길 2구간 순례를 시작하며

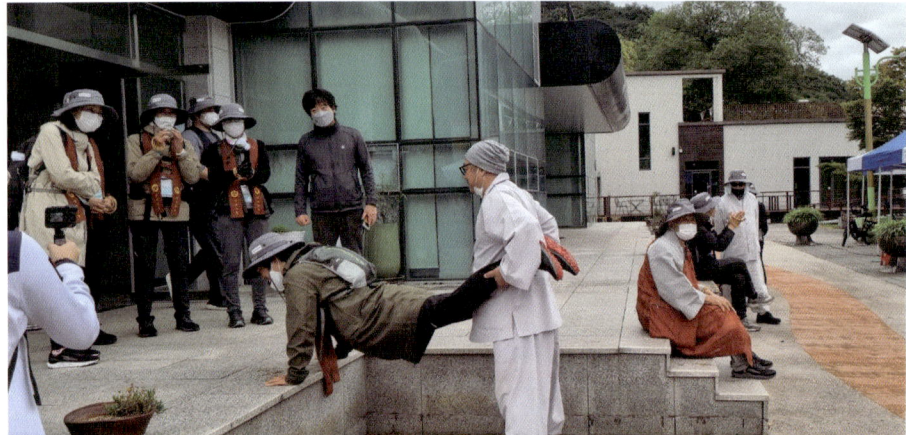

순례에 나서기 전 몸을 풀며 준비하고 있는 순례대중

12일차 순례(고령 예마을-개경포)

고려대장경 이운길 구간에 비가 내립니다

빗길을 걸어 마침내 숙영지로

우중에도 숙영지에 마중을 나온 동화사 교구 대중들

숙영지 점심공양에서 배식을 받고 있는 회주스님

12일차 순례(고령 예마을-개경포)

자원봉사팀의 숙영지 정리 모습

숙영지에서

13일차 순례(개경포-창녕)

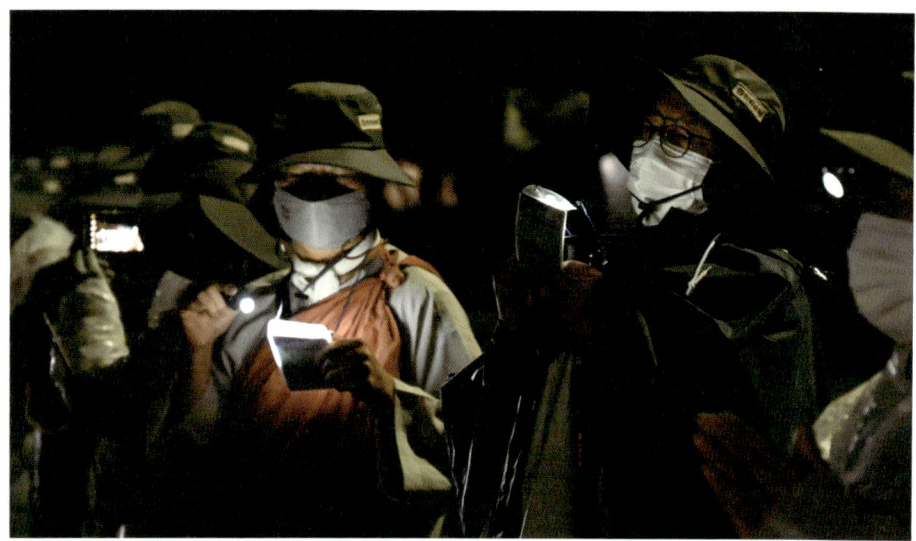

낙동강을 건너 창녕으로 들어서는 순례대중

13일차 순례(개경포-창녕)

비가 내리며 기온도 '뚝!' 그래도 힘내며 창녕으로

우중에도 순례대중을 환영해주는 지역민들

'빗속을 걸으며', 우중의 순례길

13일차 순례(개경포-창녕)

빗속을 걷는게 쉽지 않지만 그래도 함께니까 괜찮아요!

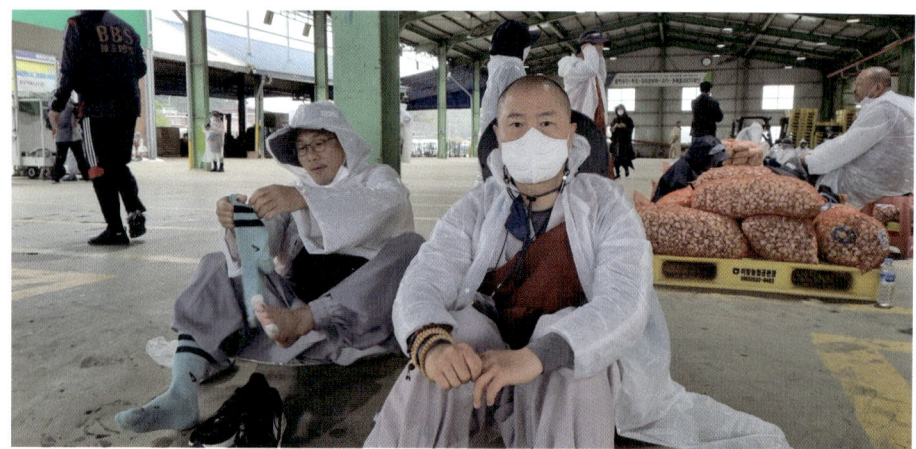

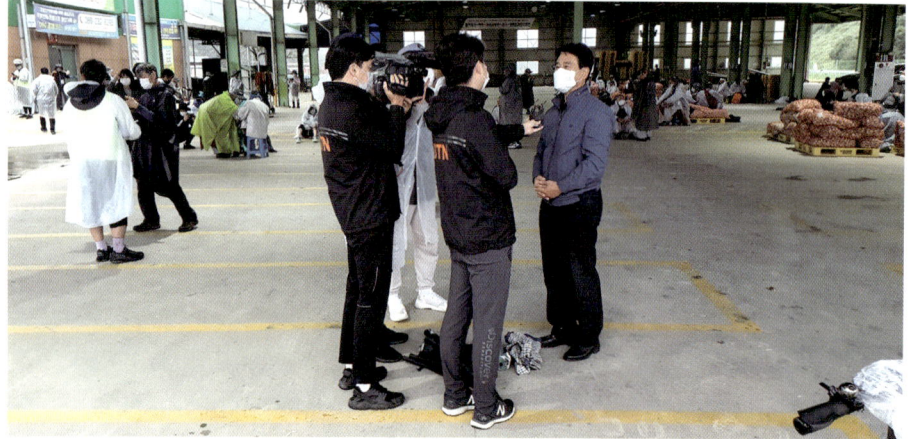

우중에 순례대중을 환영해주고 쉼터를 제공해주는 이방면 주민들

13일차 순례(개경포-창녕)

비가 내리고 있는 숙영지

숙영지의 장기자랑

화보 257

14일차 순례(창녕-부곡)

부곡으로 향하는 고갯길에서

창녕을 통과하고 있는 순례대중

14일자 순례(창녕-부곡)

부곡으로 향하는 순례길

순례길 도중, 발가락과 운동화 사이

창녕 들판을 가로질러 가는 순례길

14일차 순례(창녕-부곡)

순례대중을 맞이하는 통도사 교구 대중들과 지역민들

14일차 순례(창녕-부곡)

순례대중을 맞이하는 통도사 교구 대중들과 지역민들

15일차 순례(부곡 포교콘서트)

15일차 순례(부곡 포교콘서트)

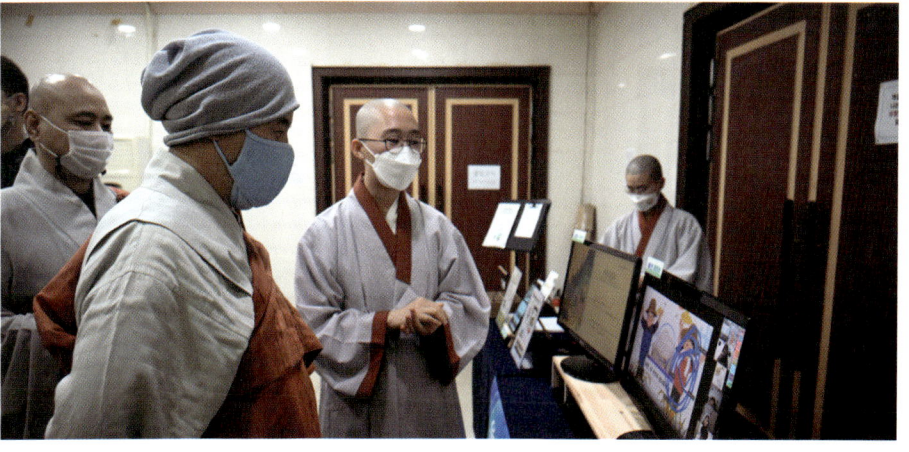

15일차 순례(부곡 포교콘서트)

16일차 순례(부곡-무안홍제사-밀양)

새벽예불

무안 홍제사 표충비각 참배 그리고 아침공양

밀양 지역 순례구간과 환영하는
밀양지역의 대중 및 지역주민들

순례대중을 응원하는 주식회사 화영 직원들

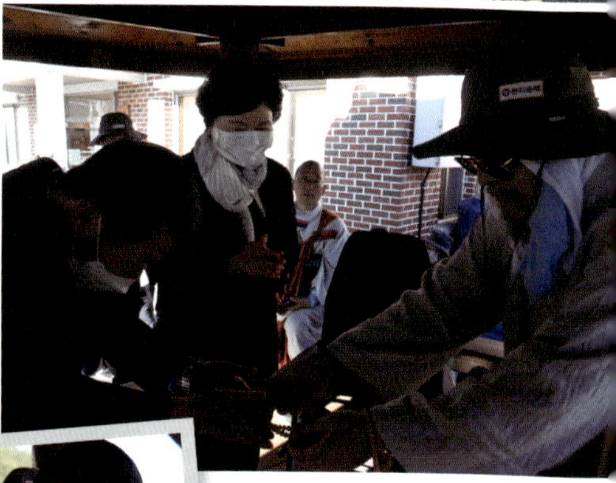

밀양 지역 순례구간과 환영하는 밀양지역의 대중 및 지역주민들

270 삼보사찰 108 천리순례

16일차 순례(부곡-무안홍제사-밀양)

숙영지에 도착하는 순례대중과 환영하는 밀양지역 대중 및 주민들

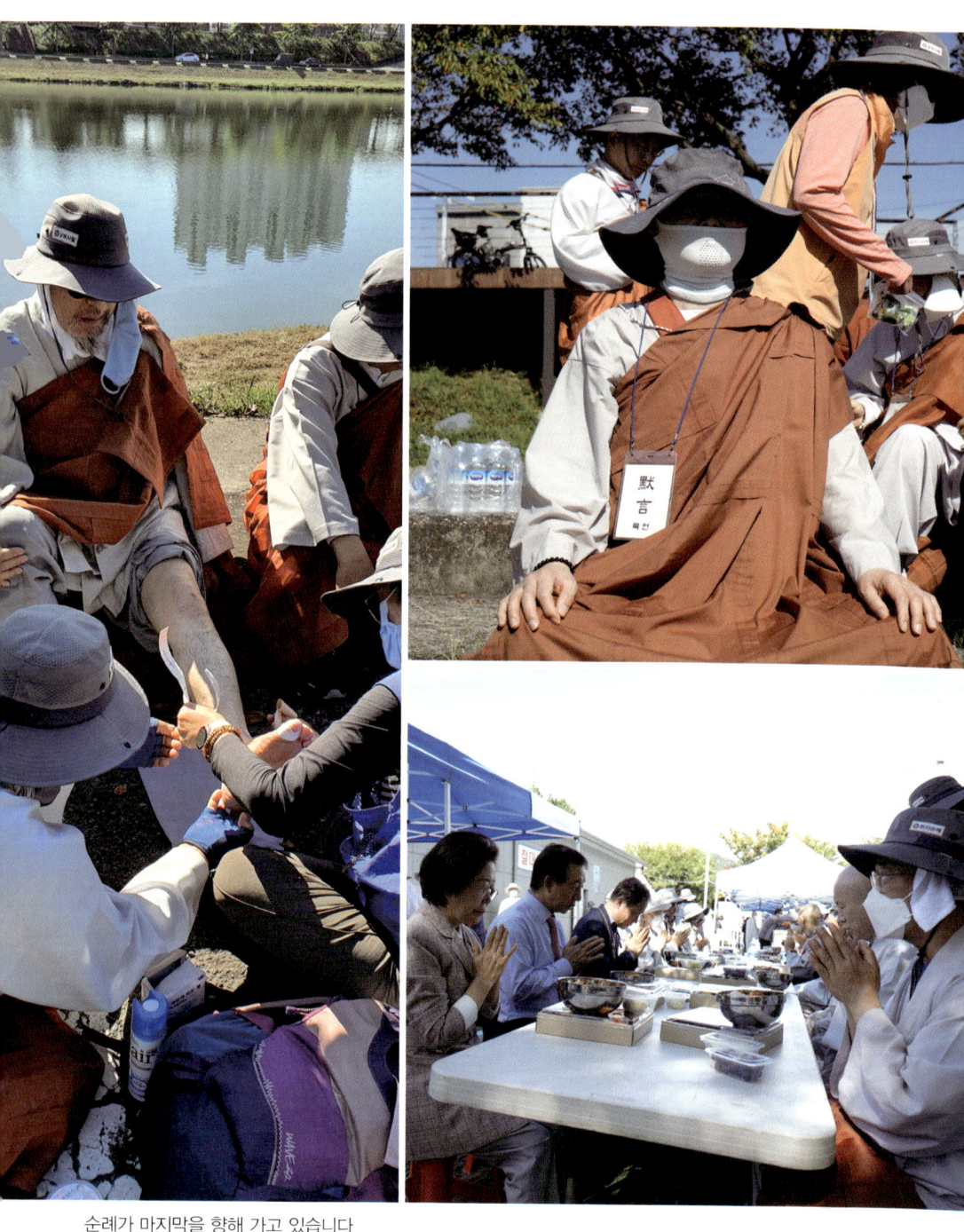

순례가 마지막을 향해 가고 있습니다

17일차 순례(밀양-표충사)

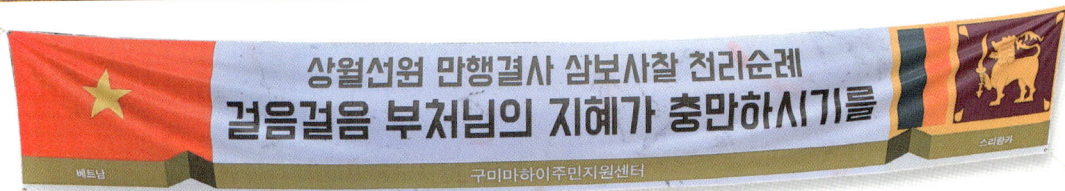

밀양 구간의 우중 순례로 지친 대중에게 힘을 주는 지역민들

표충사에 도착하는 순례대중을 환영하는 이주민들과 표충사 대중들

17일차 순례(밀양-표충사)

108 천리순례단의 표충사 방문을 환영합니다

표충사에서 열리고 있던
전통호국음악대제

표충사 숙영지 모습

18일차 순례(표충사-울주)

순례대중을 위해 아침공양을
사자평까지 지고 올라온 표충사 주지 진각스님

사자평 표지판

사자평의 아침공양 배식 장면

사자평 억새평원을 넘던 중 잠시 쉬며

18일차 순례(표충사-울주)

사자평 억새평원에서의 추억을 남기는 순례대중

삼보사찰 108 천리순례 대중의 자자(自恣)

순례에 참여한 상월청년회

18일차 순례(표충사-울주)

숙영지에서

19일차 순례(울주-통도사)

순례 마지막 날의 아침공양 준비 모습

마지막 날의 새벽 순례

19일차 순례(울주-통도사)

불보종찰 통도사에 들어서고 있는 순례대중

통도사 금강계단을 참배하는 순례대중

통도사에서 맞는 회향식

삼보사찰 108 순례를 무사히 마치며

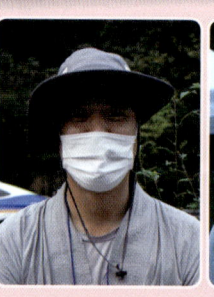

지자체 소개

삼보사찰 108 천리순례길에
만나는 지자체

삼보사찰 108 천리순례길에 만나는 지자체

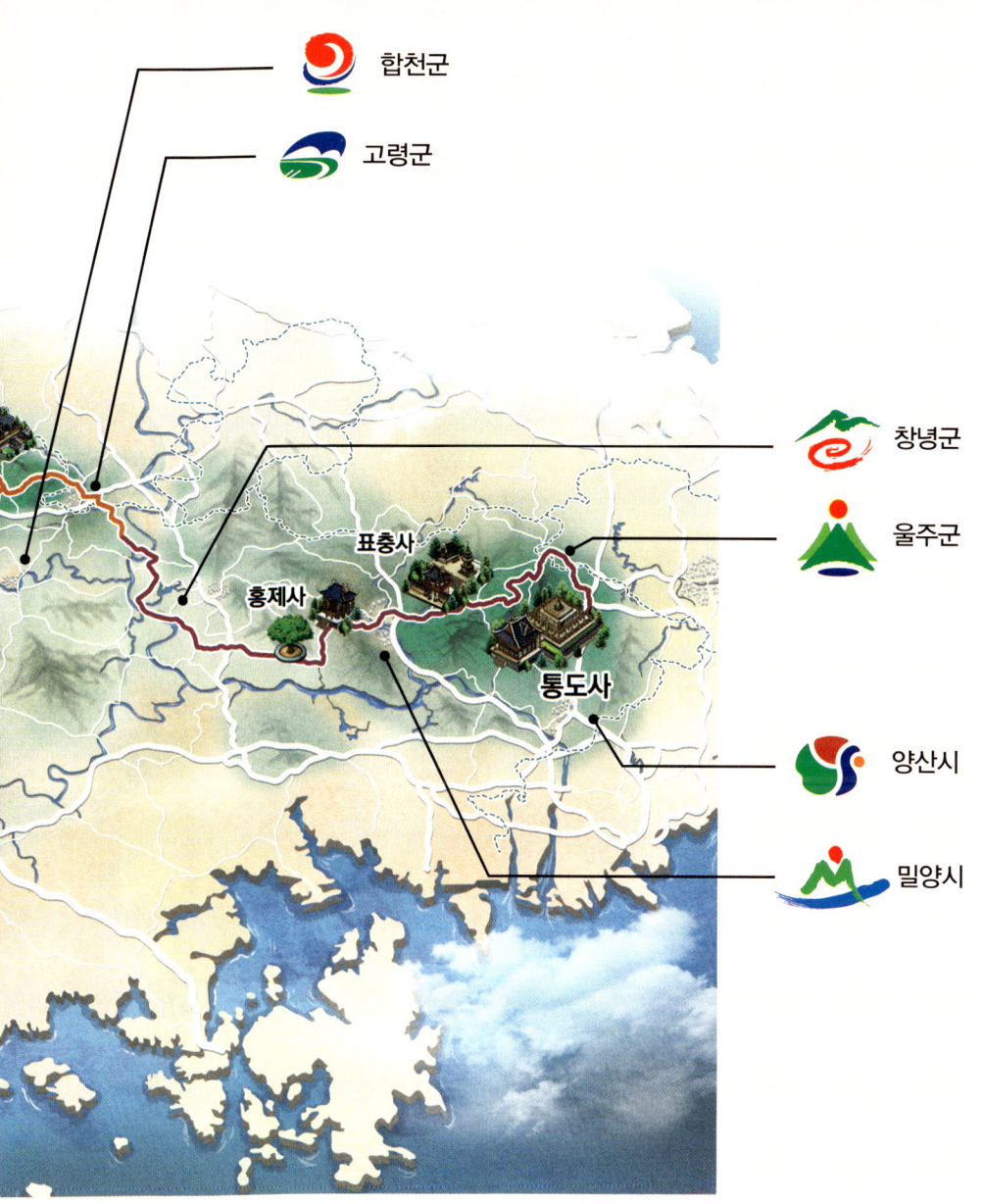

전라남도 순천

- **가볼만한 곳** 순천만습지, 순천만국가정원, 낙안읍성, 순천드라마촬영장, 조계산, 옥천서원, 고인돌공원, 순천왜성
- **지 역 축 제** 문화재야행(4월·8월·11월), 동아시아문화도시주간(8월), 순천만 갈대축제(10월)

전라남도 곡성

- **가볼만한 곳** 기차마을과 장미공원, 섬진강 침실습지, 봉두산과 태안사, 섬진강 도깨비마을, 동악산과 도림사, 섬진강변 철쭉길, 대황강 출렁다리, 반구정습지와 대황강자연휴식공원, 압록유원지
- **지 역 축 제** 곡성 세계 장미축제(5~6월)

전라남도 구례

- **가볼만한 곳** 산수유 마을, 화엄사, 피아골, 연곡사, 노고단, 수락폭포, 구례5일장(매월 3일, 8일, 13일, 18일, 23일 전통시장), 구례 예술인마을, 운조루, 지리산 치즈랜드
- **지 역 축 제** 구례 산수유꽃축제(3월), 섬진강 벚꽃축제(3~4월), 지리산 남악제(4월), 구례 화엄음악제(10월), 동편 소리축제(10월), 지리산 피아골축제(11월)

전라북도 남원

- **가볼만한 곳** 광한루원, 춘향테마파크, 구룡폭포(구룡계곡), 국악의 성지, 지리산 바래봉, 지리산허브밸리, 혼불문학관, 함파우 소리체험관, 남원예촌, 남원항공우주천문대
- **지 역 축 제** 춘향제(5월), 남원 흥부제(10월)

경상남도 함양

- **가볼만한 곳** 상림, 교산리 석조여래좌상, 함양향교, 사근산성, 남계서원, 안의 광풍루, 농월정, 황석산성, 용추사, 칠선계곡(추성계곡)
- **지 역 축 제** 천령문화제(10월), 연암문화제(10월), 선비문화제(10월)

경상남도 거창

- **가볼만한 곳** 황산전통한옥마을, 금원산자연휴양림, 수승대, 가조온천, 월성계곡, 창포원, 거창사건 추모공원, 미리내숲, 거창전통시장, 월성우주창의과학관
- **지 역 축 제** 거창한마당대축제(9월)

경상남도 합천

- **가볼만한 곳** 해인사, 합천호, 황매산군립공원, 황계폭포, 백련암, 합천 영암사지, 각사산촌행태 체험마을, 합천 반야사지 원경왕사비, 합천 옥전 고분군, 합천 백암리 석등
- **지 역 축 제** 황매산춧쭉축제(5월), 합천예술제(7~8월), 합천기록문화축제(10~11월)

경상북도 고령

- **가볼만한 곳** 대가야역사테마관광지, 대가야 농촌문화체험특구, 지산동 고분군, 대가야박물관, 우륵박물관, 대가야생활촌, 개실마을, 미숭산 자연휴양림, 대가야수목원
- **지 역 축 제** 고령대가야체험축제(4월), 왕릉길 걷기대회(11월)

경상남도 창녕

- **가볼만한 곳** 창녕 우포늪, 화왕산군립공원, 관룡사, 창녕 인양사 조성비, 창녕 우포가시연꽃마을, 창녕 만옥정공원, 창녕 교동과 송현동 고분군, 창녕 석빙고, 영산호국공원, 창녕포교당, 부곡 한울공원
- **지 역 축 제** 부곡온천축제(4월), 우포늪생명길 걷기대회(11월)

경상남도 밀양

- ▍가볼만한 곳   밀양 의열기념관, 영남루 수변공원길, 달빛쌈지공원, 위양지, 가지산 쇠점골 계곡길, 한천박물관, 꽃새미마을, 얼음골, 트윈터널, 밀양아리랑 우주천문대
- ▍지 역 축 제   밀양아리랑대축제(5월), 얼음골사과축제(11월)

울 주 군

- ▍가볼만한 곳   태화강 국가정원, 고래문화특구, 울산박물관, 태화루, 대왕암공원, 슬도, 울산대교 전망대, 강동&주전 몽돌해변, 간절곶, 울주 대곡리 반구대 암각화
- ▍지 역 축 제   처용문화제(10월), 울산고래축제(10월)

경상남도 양 산

- ▍가볼만한 곳   오봉산 임경대, 통도사, 배내골, 대운산 자연휴양림, 내원사계곡, 에덴밸리 루지, 홍룡폭포, 통도환타지아, 양산천과 구름다리, 물금선착장
- ▍지 역 축 제   영축문화축제 개산대제(음9월), 서운암 들꽃축제(4월), 양산차문화축제(10월)

부록

- 삼보사찰 108 천리순례 청규
- 삼보사찰 108천리순례 주요 경로

삼보사찰 108 천리순례 청규

1. 천리순례 청규

1) 스님은 행선시 승복과 대가사를 수한다.
2) 행선시 묵언 한다.
3) 참가자는 염송, 화두, 진언, 염불 등의 수행을 한다.
4) 휴식시 낮은 소리로 대화 한다.
5) 제공받은 공양물은 남기지 않는다.
6) 마스크를 항상 착용한다.
7) 행선시 휴대전화 사용금지, 야영지 등에서는 무음 또는 진동으로 한다.
8) 대중들은 화합하여 모두가 원만회향 할 수 있도록 노력한다.

2. 생활 수칙

1) 행선시 108염주를 수지한다.
2) 새벽3시 기상, 행선 출발은 새벽4시, 취침은 오후9시.
3) 행선 출발과 회향 신호는 죽비 3타로 한다.
4) 아침공양은 오전7시, 점심공양은 오전11시, 저녁공양은 오후5시.
5) 모자는 자비순례 문구가 새겨진 통일된 모자만 착용한다.
6) 휴식을 위한 멈춤이나 출발은 호루라기로 하고, 갑잡스런 멈춤이나 행위시에도 호루라기를 사용한다.

7) 공양시 한 줄로 거리간격을 두면서 조용히 질서를 유지한다.
8) 우천시 판초우의 착용을 우선하며 우산사용은 가능한 자제한다.
9) 새벽 행선시 반드시 손전등 또는 헤드랜턴을 사용한다.
10) 스틱사용시 앞사람과 뒤 사람을 배려하여 안전하고 조심스럽게 사용한다.
11) 천리순례에 중대한 누를 끼치거나, 문란행위, 또는 상습적인 청규위반시 퇴방한다.
12) 청규에 없는 상황이나 규칙은 운영위를 통하여 변경 또는 제정되며, 회주스님의 인가를 받아 시행한다.
13) 조원이 다치거나 긴급한 상황 발생시 조장에게 신속하게 알리고 조장은 지원단이나 도감스님 내지 회주 스님께 직보한다.
14) 꼭 필요한 물품 구입시 조장을 통해서만 신청할 수 있다.
15) 반드시 본인 텐트와를 확인한 후에 사용한다.
16) 가능한 빨래와 샤워는 숙소 이용시에만 한다.

삼보사찰 108 천리순례 주요 경로

1일 차	통과 지역	전남 순천		
	주요 경로	송광사 집결 및 오리엔테이션		
	1일 이동거리	– km	누적 이동거리	– km
2일 차	통과 지역	전남 순천, 곡성		
	주요 경로	송광사→신흥리→창촌리→오산리→신전리→숙영지		
	1일 이동거리	22km	누적 이동거리	22km
3일 차	통과 지역	전남 곡성, 구례		
	주요 경로	숙영지→유봉리→압록리→신월리→사성암		
	1일 이동거리	25km	누적 이동거리	47km
4일 차	통과 지역	전남 구례		
	주요 경로	숙영지→월전리→간문리→사도리→화엄사		
	1일 이동거리	25km	누적 이동거리	72km
5일 차	통과 지역	전남 구례		
	주요 경로	화엄사→방광리→천은사→시암재		
	1일 이동거리	19km	누적 이동거리	91km
6일 차	통과 지역	전남 구례, 전북 남원		
	주요 경로	시암재(고도 958)→성삼재(고도 1079)→덕동리→내령리→대정리		
	1일 이동거리	26km	누적 이동거리	117km

7일 차	통과 지역	전북 남원, 경남 함양		
	주요 경로	실상사→백일리(삼봉산 등구재 고도 640)→의탄리→창원리(오도재 고도 731)→구양리→숙영지		
	1일 이동거리	19km	누적 이동거리	136km
8일 차	통과 지역	경남 함양		
	주요 경로	숙영지→지안재(내리막)→난평리→용평리→창평리→이전리→교북리→숙영지		
	1일 이동거리	30km	누적 이동거리	166km
9일 차	통과 지역	경남 함양, 거창		
	주요 경로	숙영지→대대리(바래기재 고도 341)→하고리→양평리→둔마리(살피재 고도 396)→동례리→숙소		
	1일 이동거리	30km	누적 이동거리	196km
10일 차	통과 지역	경남 거창, 합천		
	주요 경로	숙소→성기리(큰재 고도 536)→매안리→해인사 소리길(고도 626)→숙영지		
	1일 이동거리	27km	누적 이동거리	223km
11일 차	통과 지역	경남 합천, 경북 고령		
	주요 경로	해인사→가야면→나대리→용흥리→숙영지		
	1일 이동거리	22km	누적 이동거리	245km
12일 차	통과 지역	경북 고령		
	주요 경로	숙영지→덕곡면→쾌빈리→장기리→숙영지		
	1일 이동거리	23km	누적 이동거리	268km

13일 차	통과 지역	경북 고령, 경남 창녕		
	주요 경로	숙영지→월오리→연리→포리→안리→석리→숙영지		
	1일 이동거리	27km	누적 이동거리	295km

14일 차	통과 지역	경남 창녕		
	주요 경로	숙영지→징찬리→강리→봉산리→죽사리→덕곡리→숙소(부곡)		
	1일 이동거리	27km	누적 이동거리	322km

15일 차	통과 지역	경남 창녕		
	주요 경로	대중공사		
	1일 이동거리	- km	누적 이동거리	322km

16일 차	통과 지역	경남 창녕, 밀양		
	주요 경로	숙소→수다리→무안리→홍제사 참배→밀양시→내이동→삼문동→숙소		
	1일 이동거리	29km	누적 이동거리	351km

17일 차	통과 지역	경남 밀양		
	주요 경로	숙소→금천리→단장리→범도리→숙영지(표충사)		
	1일 이동거리	24km	누적 이동거리	375km

18일 차	통과 지역	경남 밀양, 울산		
	주요 경로	표충사→사자평 관리초소앞→사자평(고도 989m)→배내고개→덕현리→숙영지		
	1일 이동거리	25km	누적 이동거리	400km

19일 차	통과 지역	울산, 경남 양산		
	주요 경로	숙영지→상북면→교동리→가천리→통도사(회향)		
	1일 이동거리	23km	누적 이동거리	423km

삼보사찰 108 천리순례

초판 1쇄 2021년 11월 5일 인쇄
초판 1쇄 2021년 11월 11일 발행

엮은이 상월결사
글쓴이 석길암 · 한지연
펴낸이 박기련
펴낸곳 동국대학교 출판문화원

출판등록 제2020-000110호
주소 04620 서울시 중구 퇴계로36길 2 신관1층 105호
전화 02-2264-4714
팩스 02-2268-7851
Homepage http://dgpress.dongguk.edu
E-mail abook@jeongjincorp.com

디자인 다름
제 작 신도인쇄

ISBN 979-11-91670-12-7 03980

ⓒ 2021, 이 책의 저작권은 동국대학교 출판문화원에 있습니다.

* 잘못 만들어진 책은 구입처에서 교환 가능합니다.